한국어
선생님과
함께하는

# TOPIK
# 한국어 문법

# I

**SD에듀**

(주)시대고시기획

# ┃ 머리말 ┃

한국어를 배우는 목적이 정확하고 유창한 한국어 의사소통 능력의 습득이라고 할 때, 한국어 문법의 지식을 익히는 것은 매우 중요하다고 할 수 있다. 이에 《한국어 선생님과 함께하는 TOPIK 한국어 문법》에서는 국내외 한국어 교재 및 TOPIK을 바탕으로 한국어를 활용하는 데 기본이 되는 문법들을 선정하여 초·중·고급으로 나누어 제시하였다. 그중 초급 내용을 담은 것이 《한국어 선생님과 함께하는 TOPIK 한국어 문법 Ⅰ》이다. 또각 문법들의 구체적인 의미와 형태 그리고 통사적, 화용적 정보를 함께 제시하여 혼자서도 충분히 학습할 수 있도록 하였다.

《한국어 선생님과 함께하는 TOPIK 한국어 문법 Ⅰ》은 문법 형태와 구조가 실제 의사소통에서 어떤 기능을 하는가에 초점을 맞추었다. 또한 현재 집필진이 모두 한국어교육에 몸담고 있는 만큼 현장의 경험을 살려 문법의 이론적인 측면 외에도 학습자들이 자주 범하는 오류 등을 분석하여 그 내용을 실었다. 문법 설명은 실제 수업에서 한국어 선생님이 설명하는 순서를 참고하였으므로 이 책에 제시된 순서대로 학습한다면 실제로 수업을 듣는 것과 유사한 효과를 얻을 수 있을 것이다. 그리고 학습자들이 스스로 공부할 수 있도록 어려운 문법 용어는 가급적 피하고 실제 한국어 수업에서 허용되는 수준의 용어를 사용하여 설명하였다. 집필과 번역에 함께 참여한 김몽 선생님 역시 한국어교육을 전공하였고 현재 한국어교육 현장에 있으므로 단순히 문법의 의미만을 번역하기보다는 한국어 문법과 중국어 문법의 특성을 고려하여 번역하였다.

이 책은 내용의 범위가 방대하여 작업을 끝내기까지 많은 사람의 도움이 필요하였다. "인내는 쓰고 열매는 달다."라는 말처럼 우리의 열정과 애정이 담긴 이 책이 학습자들에게 유익한 선물이 되기를 바란다. 끝으로 이 책을 출판하도록 해 주신 SD에듀에 감사의 말씀을 전한다.

집필진 일동

# 序言

　　学习韩国语的目的是把能够用准确流畅的韩国语来进行沟通的能力作为终极目标的话，熟练掌握语法知识是最为重要的。本书在《跟韩国语老师一起学习TOPIK韩国语语法》中收录了在使用韩国语交流时所使用的基本语法，并以国内外韩国语教材和TOPIK为基准，分为初中高级，把每个语法、句型、语用信息的形态和意思加以分析和说明，其中这本书收录的内容为《跟韩国语老师一起学习TOPIK韩国语语法Ⅰ》，使学习者通过使用此书可以达到自行学习的目的。

　　在《跟韩国语老师一起学习TOPIK韩国语语法Ⅰ》里以实用性为主，把重点投放在语法形态和构造在实际交流中所能起到的作用之中，尽可能避开复杂的语法用语，能够更好的自行学习，为学习者提供了最简单实用的语法学习工具。笔者现今工作在韩国语教育前线，精通语法理论，有着丰富的实际教学经验，因此在此书中使用了实际课堂上允许使用的通俗易懂的语法用语，在语法说明中借鉴了实际课堂上语法讲解的顺序，若使用者按照此书提示的顺序来学习，能达到类似实际课堂上语法授课的效果，这也是此书的一大优点。在此书中还载入了实际学习者们经常出现的错误，并且举例来分析说明，这也可谓此书的一大特点。参与编辑的金梦翻译身为在教育前线从事韩国语教育专业的教师，不仅把翻译的重点投放在单纯语法意思的表达上，而且更着重把翻译的重点投放在韩国语语法和中国语语法的融会贯通之中，使学习者更加轻松地理解并且达到快速了学习掌握韩国语的目的。

　　此书收录的语法内容极为丰富，有多人参与编辑。"忍耐是痛苦的，但它的果实是甜蜜的"如同此名言，此书装载了我们很多的心血与热情，并衷心的希望此书能为学习韩国语的学习者们带来一些帮助。最后特别感谢为此书出版的出版社。

**全体笔者**

## TOPIK

Test of Proficiency in Korean의 약자로 재외동포 및 외국인에게 한국어 학습의 방향을 제시하고 한국어 보급을 확대하고자 하는 시험이다. 나아가 그들의 한국어 사용 능력을 측정 · 평가한 결과는 국내 대학 유학 및 한국 기업체 취업 등에 활용하는 것을 목적으로 한다.

Test of Proficiency in Korean的缩写，是向在外同胞和外国人提示韩国语学习方向，扩大韩国语普及的考试。进而测定，评价他们的韩国语使用能力，其目的是用于国内大学留学及韩国企业就业等。

| 수준 | TOPIK Ⅰ | | TOPIK Ⅱ | | |
|---|---|---|---|---|---|
| 영역(시간) | 듣기(40분) | 읽기(60분) | 듣기(60분) | 쓰기(50분) | 읽기(70분) |
| 유형 및 문항 수 | 객관식 30문항 | 객관식 40문항 | 객관식 50문항 | 주관식 4문항 | 객관식 50문항 |
| 배점 | 100점 | 100점 | 100점 | 100점 | 100점 |
| 총점 | 200점 | | 300점 | | |

# | 考试指南 |

**사회통합프로그램**

　대한민국에 체류하는 이민자가 한국 사회의 구성원으로 적응하고 자립할 수 있도록 지원하고, 필수적인 기본 소양(한국어, 한국 문화, 한국 사회 이해 및 시민교육 등)을 체계적으로 함양할 수 있도록 마련한 사회통합교육이다.

　为帮助滞留在韩国的移民者适应社会成员并自立，系统地培养必需的基本素质(韩国语，韩国文化，韩国社会理解，市民教育等)而准备的社会统合教育。

| 단계 | 0단계 | 1단계 | 2단계 | 3단계 | 4단계 | 5단계 | |
|---|---|---|---|---|---|---|---|
| 과정 | 한국어와 한국 문화 | | | | | 한국 사회 이해 | |
| | 기초 | 초급1 | 초급2 | 중급1 | 중급2 | 기본 | 심화 |
| 이수 시간 | 15시간 | 100시간 | 100시간 | 100시간 | 100시간 | 70시간 | 30시간 |
| 평가 | 없음 | 1단계 평가 | 2단계 평가 | 3단계 평가 | 중간 평가 | 영주용 종합평가 | 귀화용 종합평가 |
| 사전 평가 점수 | 구술시험 3점 미만 (필기점수 무관) | 3~ 20점 | 21~ 40점 | 41~ 60점 | 61~ 80점 | 81~ 100점 | － |

## 일러두기

《한국어 선생님과 함께하는 TOPIK 한국어 문법 Ⅰ》은 초급 한국어 학습에서 쓰이는 167개의 문법으로 구성하였다. 각 문법의 주요 의미, 형태 정보, 시제 정보, 품사에 따른 결합 정보, 활용 정보 등을 설명하였으며 문법의 의미를 명쾌하게 알 수 있도록 예문을 제공하였다. 또한 필요한 때에는 심화 학습('더 생각해보기')에서 해당 문법을 좀 더 자세하게 설명하여 학습자의 이해를 돕도록 하였다. 세부 내용은 다음과 같다.

## ▌ 으면/면

| 동사/형용사 | 오다 | 먹다 | 예쁘다 | 많다 |
|---|---|---|---|---|
| | 오**면** | 먹**으면** | 예쁘**면** | 많**으면** |

**❶**

**1.** [A (으)면 B] B를 하기 위해서는 A가 있어야 한다. 이때 A는 B의 조건이나 가정이 된다.
[A (으)면 B] 表示为了B，A存在。这时的A是B的条件或假设。

**❷**

예 주말에 시간이 있으**면** 같이 영화를 봐요. 周末有时间的话，一起看电影吧。
머리가 아프**면** 약을 드세요. 头疼的话，吃药吧。
저는 돈이 많으**면** 세계여행을 하고 싶어요. 如果我钱多的话，想周游世界。
내일 눈이 많이 오**면** 학교에 오지 마세요. 明天要是雪下的大，就不要来学校了。

**❸**

**2.** 과거 '았/었'과 함께 쓸 때는 과거의 아쉬움을 나타낸다.
与过去'았/었'一起使用时，表示对过去的遗憾。

**❹**

예 평소에 공부를 열심히 했으**면** 시험을 잘 봤을 거예요. 平时要是好好学习的话，考试就能考好了。
키가 컸으**면** 농구 선수가 되었을 텐데 좀 아쉬워요. 个子高的话就能当篮球选手了，有些遗憾。

**3.** '(으)면' 앞에 명사가 오면 '(이)면'으로 쓴다.
名词位于'(으)면'前面时，变为'(이)면'

# 凡例

《跟韩国语老师一起学习TOPIK韩国语语法Ⅰ》是以针对初级学习者使用的167个语法来编辑的。每个语法的说明都以意思的传达，形态信息，时态信息，词性的连接信息，活用信息的结构夹表达。并且通过提供例文以提高语法说明的理解速度，还通过引申学习（"더 생각해보기"）比较类似语法之间的差异来帮助学习者更深度的理解。详细内容如下。

**❶** 결합하는 품사에 따른 기본적인 형태 정보를 제시함

提供了基本的詞性連接形態信息。

**❷** 간결하고 명확한 문장을 사용하여 해당 문법의 의미를 전달함. 학습자의 편의와 이해를 향상시키기 위해 연결 어미의 경우 [A (문법) B]로 표현하여 선행절(A)과 후행절(B)의 관계를 쉽게 이해할 수 있도록 함

使用簡單明了的文章表達了關於語法的意思。在連接語尾的情況下以[A(語法)B]的形式，明確的表達了先行句(A)與后行句(B)的關系，提高了學習者的理解程度。

**❸** 해당 문법마다 2~3개의 예문을 제시하여 의미를 확실하게 이해하도록 함

針對相應的語法提供了2~3个例文使語法的理解更加透徹。

**❹** 학습자들이 실수하기 쉬운 시제 정보를 제공하여 학습자 스스로 학습할 수 있도록 함

提供了學習者經常出現錯誤的時態信息，使學習者能夠自主學習。

유리 씨, 밖에 눈이 오네요.

와, 정말 아름답네요!

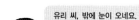
**더 생각해보기**

'네요'와 '는군요/군요'의 차이 ('는군요/군요' → 49쪽 참고)
'네요'与 '는군요/군요'的区别 ('는군요/군요' → 参考49页)

'느구요/구요'와 '네요'는 모두 지금 알게 된 일을 감탄하면서 이야기할 때 사용한다.
하지만 '네요'는 듣는 사람이 모르는 일이라고 생각할 때 자주 쓰고 '는군요/군요'는
듣는 사람이 알고 모름에 상관없이 쓴다.
'는군요/군요'与 '네요'都是表示对刚刚所知道的事实进行感叹时使用。但'네

**❺** 친근한 캐릭터의 대화 형식으로 해당 문법의 맥락과 의미를 가장 대표적으로 나타
낼 수 있는 예문을 제시하여 그 문법이 사용되는 상황을 자연스럽게 이해할 수 있
도록 함

以親切可愛的卡通人物對話的形式，提供了最有代表性的語法例文，
使學習者自然而然的理解關于該語法的使用环境。

**❻** '더 생각해보기'에서는 의미나 형태가 비슷한 두 문법의 차이를 설명함. 의미적 차
이나 형태적, 화용적 차이를 종합적으로 다루어 학습자의 이해를 도움

通过"더 생각해보기"对意思类似或形态类似的两个语法之间的差异进行
了说明。帮助學習者概括了在意思上，形態上，話用上的語法區別。

**❼** 'ㄱ～ㅎ'의 순으로 목차를 제시하여 필요에 따라 찾아볼 수 있도록 함

本书把目录分为"ㄱ～ㅎ"，以便让学习者查找方便。

# 초급 문법 목차

ㅈ

ㅊ

ㅎ

부록

한국어
선생님과
함께하는

# TOPIK
# 한국어 문법

초급
문법

**SD에듀**
㈜시대고시기획

# 거나

| 동사/형용사 | 가다 | 먹다 | 예쁘다 | 춥다 |
|---|---|---|---|---|
| | 가거나 | 먹거나 | 예쁘거나 | 춥거나 |

**1.** [A 거나 B] A와 B 중에서 하나를 선택한다.

[A 거나 B] 表示A与B之间选择了一项。

> 예 오후에 축구를 하**거나** 농구를 할 거예요. 下午打算踢足球，或者打篮球。
> 저녁에 친구를 만나**거나** 도서관에 갈 거예요. 晚上见朋友，或者去图书馆。
> 저는 맵**거나** 짠 음식을 잘 못 먹어요. 我不怎么能吃辣的，或者咸的料理。

**2.** 미래·추측 '겠' 등과 함께 쓰지 않는다.

不与表示将来·推测'겠'等一起使用。

> 예 내일 등산을 가**거나** 농구를 하겠어요. (○) 明天要去登山，或者打篮球。
> 내일 등산을 가겠거나 농구를 하겠어요. (×)

내일 뭐 할 거예요?

집에서 쉬거나 도서관에 갈 거예요.

---

**더 생각해보기**

'거나'와 '(이)나'의 차이 ('(이)나1' → 213쪽 참고)

'거나'与'(이)나'的区别 ('(이)나1' → 参考213页)

'거나'는 동사, 형용사와 함께 쓰고 '(이)나'는 명사와 함께 쓴다.

'거나'与动词，形容词一起使用'(이)나'与名词一起使用。

> 예 가 : 점심에 뭐 먹을 거예요? 中午打算吃什么？
> 나 : 피자나 햄버거를 먹을 거예요. 打算吃披萨，或者汉堡。
> 피자를 먹거나 햄버거를 먹을 거예요. 打算吃披萨，或者汉堡。

# 게 되다

| 동사 | 가다 | 먹다 |
|------|------|------|
|      | 가게 되다 | 먹게 되다 |

**1.** 주어의 의지가 아닌 다른 것 때문에 그런 결과가 되었음을 나타낸다.

表示跟主语的意志无关，因其它原因造成的某种结果。

> **예** 일 때문에 한국에 오게 **되었어요**. 因为工作来的韩国。
>
> 처음에는 김치를 못 먹었는데 지금은 잘 먹게 **되었어요**. 之前不喜欢吃泡菜，现在喜欢吃泡菜了。

**2.** 미래 상황이라도 이미 결정된 것에는 '게 되었다'를 쓴다.

即使是未来的状况，但已经决定时用'게 되었다'。

> **예** 다음 달에 출장을 가게 **되었어요**. 决定下个月去出差。
>
> 다음 주부터 한국 회사에서 일하게 **되었어요**. 决定下周开始在韩国企业工作。

**3.** 미래 상황에서 아직 결정되지 않았거나 추측하는 경우에는 '게 될 것이다'를 쓴다.

未来的状况还未决定，或在推测的情况下使用'게 될 것이다'。

> **예** 뭐든지 열심히 연습하면 잘하게 **될 거예요**. 无论是什么，只要努力练习都会有好的结果。
>
> 같이 일하니까 자주 만나게 **될 거예요**. 因为一起工作，以后会经常见面的。

한국으로 유학을 가게 되었어요.

그래요? 좋겠어요.

# 게1

| 형용사 | 예쁘다 | 짧다 |
|---|---|---|
| | 예쁘게 | 짧게 |

**1.** '어떻게, 얼마나'의 의미로 뒤에 나오는 동사를 꾸며 준다.

表示'怎么样，多少'的意思，用来修饰后面的动词。

> 예 선생님은 한국어를 재미있**게** 가르쳐 주십니다. 老师韩国语教得很有趣。
> 날씨가 추우니까 옷을 따뜻하**게** 입으세요. 因为天气冷，请穿得暖和点儿。
> 머리를 짧**게** 잘라 주세요. 请把头发给我剪得短点儿。

**2.** '많다, 빠르다, 멀다' 등은 '많이, 빨리, 멀리'로 쓴다.

'많다, 빠르다, 멀다'等，变为'많이, 빨리, 멀리'来使用。

> 예 오늘 정말 **많이** 먹었어요. 今天真的吃得很多。
> 늦었으니까 **빨리** 갑시다. 因为晚了快点儿走吧。
> 여기에서 **멀리** 가지 마세요. 在这里不要走远了。

오늘 화장 예쁘게 했네요.

고마워요.

# 겠 1

| 동사 | 가다 | 먹다 |
|------|------|------|
| | 가**겠**다 | 먹**겠**다 |

**1.** 말하는 사람의 미래 계획에 대한 강한 의지를 나타낸다. 이때 주어는 '나(저),
우리'이다.

表示说话人对未来计划的坚定意志。此时主语为'나(저), 우리'。

> 예 (저는) 올해 담배를 꼭 끊**겠**습니다. (我)今年一定要戒烟。
> (저는) 열심히 공부하**겠**습니다. (我)一定要努力学习。

**2.** 일상생활에서 다음과 같은 표현이 많이 쓰인다.

日常生活中经常使用以下的表达方式。

> 예 알**겠**습니다. 知道了。
> 모르**겠**습니다. 不知道。
> 처음 뵙**겠**습니다. 初次见面。
> 실례지만, 말씀 좀 묻**겠**습니다. 很抱歉, 想打听些事情。
> 잘 먹**겠**습니다. (吃饭前的寒暄。对方请客时, 吃饭前表示对对方的感谢。)
> 학교 다녀오**겠**습니다. 去学校了。(表示日常中外出前使用的礼貌用语。)

내일부터 학교에 일찍 오세요.

네, 알겠습니다.

**더 생각해보기**

'겠1'과 '(으)ㄹ 거예요1'의 차이 ('(으)ㄹ 거예요1' → 175쪽 참고)
'겠1'与 '(으)ㄹ 거예요1'的区别 ('(으)ㄹ 거예요1' → 参考175页)

1) '겠'은 '(으)ㄹ 거예요'보다 말하는 사람의 의지가 강하다.
   '겠'比起 '(으)ㄹ 거예요'表示说话人的意志更坚决。

   **예** 저는 이번 방학에 여행을 하겠어요. (의지가 강함) 我这次放假要去旅行。
   (意志坚定)
   저는 이번 방학에 여행을 할 거예요. (의지가 약함) 我这次放假打算去旅行。(意志弱)

2) 관용 표현은 '겠'을 쓴다.
   习惯用语时使用 '겠'。

   **예** 가 : 많이 드세요. 多吃点儿。
   나 : 잘 먹겠습니다. (○) 吃饭前的寒暄。对方请客时, 吃饭前表示对对方的感谢。
   잘 먹을 거예요. (×)

# 겠2

| 동사/형용사 | 오다 | 먹다 | 예쁘다 | 춥다 |
|---|---|---|---|---|
| | 오겠다 | 먹겠다 | 예쁘겠다 | 춥겠다 |

**1.** 보거나 들은 내용을 가지고 추측할 때 사용한다. 주어는 다른 사람, 사물만 쓸 수 있다.

表示用看到过, 或听到的内容来推测时使用。主语为他人, 事物时使用。

> 예 가 : 어머니께 시계를 드릴 거예요. 打算送给妈妈手表。
> 나 : 어머니가 좋아하시**겠**어요. 妈妈会很高兴。
>
> 가 : 어제도 잠을 못 잤어요. 昨天也没睡觉。
> 나 : 그래요? 많이 피곤하**겠**어요. 是吗? 一定很累吧。

**2.** 과거 '았/었'과 함께 쓸 수 있다.

可以与过去式'았/었'一起使用。

> 예 가 : 방학 때 제주도로 여행을 다녀왔어요. 假期去了济州岛旅行。
> 나 : 와! 정말 재미있**었겠**네요. 哇! 真的很有意思吧。
>
> 가 : 벌써 9시 30분이에요. 已经9点30分了。
> 나 : 네? 시험이 벌써 시작**했겠**는데요. 是吗? 考试已经开始了吧。

제가 만든 요리예요.
한번 먹어 보세요.

와! 정말 맛있겠어요.

**더 생각해보기**

'겠2'과 '(으)ㄹ 거예요2'의 차이 ('(으)ㄹ 거예요2' → 177쪽 참고)
'겠2'与 '(으)ㄹ 거예요2'的区别 ('(으)ㄹ 거예요2' → 参考177页)

1) '겠'은 주로 어떤 상황이 주어졌을 때 사용하지만 '(으)ㄹ 거예요'는 상황 정보가 있을 때나 없을 때 모두 쓸 수 있다.
'겠'主要用在所定的某种状况时使用, 但'(으)ㄹ 거예요'无论有无状况情报都可以使用。

예 가 : 날이 흐리네요. (상황 정보가 있음) 天气阴了。(有状况信息)
나 : 비가 오겠어요. (○) 要下雨了。
비가 올 거예요. (○) 会下雨吧。

가 : 민수 씨가 오늘 학교에 올까요? (상황 정보가 없음) 民秀今天会来学校吧? (没有状况信息)
나 : 네, 오겠어요. (×)
네, 올 거예요. (○) 会来吧。

2) '겠'은 청자, 제3자에게 쓸 수 있지만 '(으)ㄹ 거예요'는 제3자에게만 쓴다.
'겠'可以用于除自己以外的其他, 即:第3人称, 但'(으)ㄹ 거예요'只能使用在第3人称。

예 가 : 오늘 아무것도 못 먹었어요. 今天什么也没吃。
나 : 배고프겠어요. (○) 一定很饿。
배고플 거예요. (×)

# 고1

| 동사/형용사 | 만나다 | 먹다 | 예쁘다 | 춥다 |
|---|---|---|---|---|
| | 만나**고** | 먹**고** | 예쁘**고** | 춥**고** |

**1.** [A 고 B] 비슷한 상태나 행위의 A와 B를 연결할 때 사용한다.

[A 고 B] 表示连接相同的状态或行为的A与B时使用。

> 예 음식이 너무 맵**고** 짜요. 菜又辣又咸。
> 내 친구는 공부도 잘하**고** 얼굴도 예뻐요. 我的朋友学习又好长得又漂亮。
> 저는 도서관에 가**고** 친구는 교실로 갔어요. 我去图书馆，朋友去教室了。

**2.** 과거 '았/었', 미래·추측 '겠' 등과 함께 쓸 수 있다.

可以与表示过去的'았/었'，未来·推测的'겠'等一起使用。

> 예 나는 어제 등산을 했**고** 친구는 축구를 했어요. 我昨天登了山，朋友踢了足球。
> 내일 서울은 춥**겠고** 부산은 따뜻하겠습니다. 明天首尔的天气将会冷，釜山的天气将会温暖。

**3.** '고' 앞에 명사가 오면 '(이)고'로 쓴다.

名词位于'고'前面时用'(이)고'。

> 예 이건 제 커피**고** 저건 영호 씨의 커피예요. 这个是我的咖啡，那个是荣浩的咖啡。
> 여기는 휴게실**이고** 저기는 사무실이에요. 这里是休息室，那里是办公室。

유리 씨, 날씨가 어때요?

오늘은 맑고 따뜻해요.

# 고2

| 동사 | 만나다 | 먹다 |
|------|--------|------|
|      | 만나**고** | 먹**고** |

**1.** [A 고 B] A를 한 후에 B를 한다.

[A 고 B] 表示先做先行句A之后再做后行句B。

> 예 저는 숙제를 하**고** 친구를 만날 거예요. 我要做完作业之后再去见朋友。
> 오늘 아침에 세수하**고** 밥을 먹었어요. 今天早上先洗脸，然后吃了饭。
> 밥을 먹**고** 뭐 할 거예요? 吃完饭后做什么啊?

**2.** [A 고 B] A와 B는 주어가 같아야 한다.

[A 고 B] 先行句A与后行句B的主语要相同。

> 예 저는 아침을 먹**고** (저는) 학교에 갔어요. 我早上先吃了饭，然后(我)去了学校。
> 영호 씨는 손을 씻**고** (영호 씨는) 밥을 먹었어요. 荣浩先洗了手，然后(荣浩)吃了饭。

**3.** 과거 '았/었', 미래·추측 '겠' 등과 함께 쓰지 않는다.

不能与表示过去的'았/었', 未来·推测的'겠'等一起使用。

> 예 저는 어제 수업을 듣**고** 점심을 먹었어요. (○) 我昨天听了课，然后吃了午饭。
> 저는 어제 수업을 들었고 점심을 먹었어요. (×)
> 저는 내일 수업을 듣**고** 점심을 먹겠어요. (○) 我明天要听完课，然后在再吃午饭。
> 저는 내일 수업을 듣겠고 점심을 먹어요. (×)

오늘 오후에 뭐 할 거예요?

숙제를 하고 농구할 거예요.

**더 생각해보기**

'고2'와 '아서/어서2'의 차이 ('아서/어서2' → 100쪽 참고)
'고2'与 '아서/어서2'的区别 ('아서/어서2' → 参考100页)

1) '아서/어서'는 앞뒤의 사건이 반드시 관계가 있는 반면 '고'는 앞뒤의 사건이 관계
   가 있는 경우도 있고 없는 경우도 있다.
   '아서/어서'与后接的事件有紧密关系，而'고'与后接的事件有时有关有时无关。

   **예** 사과를 씻어서 (그 사과를) 먹었어요. 洗了苹果，(把那个苹果)吃了。
   　　손을 씻고 밥을 먹었어요. 洗了手，然后吃了饭。

2) '서다, 앉다, 내리다, 일어나다, 만나다, 가다, 오다' 등은 '아서/어서'와 쓰는 것
   이 자연스럽다.
   '서다, 앉다, 내리다, 일어나다, 만나다, 가다, 오다'等，常与'아서/어서'习
   惯一起使用。

   **예** 아침에 일어나서 세수를 했어요. 早上起来洗了脸。
   　　학교에 와서 숙제를 했어요. 来到学校，写了作业。

3) '입다, 쓰다, 신다' 등과 같은 동사와 '(버스를) 타다, (영화를) 보다'와 같은 동사
   는 '고'와 쓰는 것이 자연스럽다.
   动词'입다, 쓰다, 신다'与'(버스를) 타다, (영화를) 보다'等，习惯与'고'一
   起使用。

   **예** 양복을 입고 출근했어요. 穿西服上班了。
   　　운동화를 신고 산책해요. 穿运动鞋散步。
   　　버스를 타고 전화하세요. 请坐上公共汽车后，打电话。

# 고 싶다

| 동사 | 가다 | 먹다 |
|------|------|------|
|      | 가고 싶다 | 먹고 싶다 |

**1.** 어떤 것을 하기를 원할 때 쓴다.

表示想做某事时使用。

> **예** 방학에 고향에 가고 **싶어요**. 假期想回家乡。
> 고향에 가서 고향 음식을 먹고 **싶어요**. 回到家乡想吃家乡菜。
> 저는 시험에서 일등을 하고 **싶어요**. 我这次考试想考第一名。
> 유리 씨, 이번 방학에 뭐 하고 **싶어요**? 刘丽, 这次放假想做什么?

**2.** 주어가 제3자일 경우에는 '고 싶어하다'로 쓴다.

主语为第3人称时用 '고 싶어하다'。

> **예** 유리 씨는 방학 때 여행을 하고 **싶어해요**. 刘丽这次放假想去旅行。
> 영호 씨는 영화를 보고 **싶어해요**. 荣浩想看电影。

**3.** 과거 상황에 대해 말할 때는 '고 싶었다'로 쓰고 미래·추측 상황에 대해 말할 때는 '고 싶겠다', '고 싶을 것이다'로 쓴다.

想表达过去状况时, 用'고 싶었다', 未来·推测的状况时, 用'고 싶겠다', '고 싶을 것이다'的形态来表达。

> **예** 어제 친구를 만나고 **싶었는데** 못 만났어요. 昨天想见朋友但是没有见成。
> 오랫동안 고향에 못 가서 빨리 가고 **싶겠어요**. 好久没有回家乡了, 一定想快点回去吧。

**4.** '보고 싶다'의 경우, 주어가 '나(저), 우리'이고 '그립다'의 뜻일 때에는 '이/가 보고 싶다'의 형태로 쓴다.

'보고 싶다'的情况下, 主语为 '나(저), 우리', 表示'想念'的意思时, 用 '이/가 보고 싶다'的形式来表达。

> **예** 그 영화를 **보고 싶어요**. ('그립다'의 뜻이 아님) 想看那个电影。(不是'想念'的意思)
> 저는 돌아가신 엄마가 **보고 싶어요**. ('그립다'의 뜻) 我想念去世的妈妈。(是'想念'的意思)

방학 때 뭐 할 거예요?

여행을 하고 싶어요.

**더 생각해보기**

'고 싶다'와 '았으면/었으면 좋겠다'의 차이 ('았으면/었으면 좋겠다' → 113쪽 참고)
'고 싶다'与 '았으면/었으면 좋겠다'区別 ('았으면/었으면 좋겠다' → 参考113页)

1) '았으면/었으면 좋겠다'는 '고 싶다'보다 막연한 바람이나 실현 가능성이 다소 적을 때 쓴다.
   比起 '고 싶다', '았으면/었으면 좋겠다'表示茫然的期望某事时使用，实现的可能性较小。

   **예** 이번 방학에 여행을 했으면 좋겠어요. (막연한 바람) 这次放假想去旅行。
   (茫然的)

   이번 방학에 여행을 하고 싶어요. (구체적인 바람) 这次放假想去旅行。
   (有具体计划的)

2) '았으면/었으면 좋겠다'는 말하는 사람뿐만 아니라 다른 사람에 대한 희망도 말할 수 있지만 '고 싶다'는 말하는 사람 자신에 대한 희망만 말할 수 있다.
   '았으면/었으면 좋겠다'不仅表示说话人的期望，也代表他人的期望，但'고 싶다'只能表示说话人的期望。

   **예** 저는 빨리 결혼하고 싶어요. (○) 我想快点结婚。
   저는 빨리 결혼했으면 좋겠어요. (○) 我希望自己早点结婚。
   저는 유리 씨가 빨리 결혼했으면 좋겠어요. (○) 我希望刘丽早点结婚就好了。
   저는 유리 씨가 빨리 결혼하고 싶어요. (×)

# 고 있다

| 동사 | 가다 | 먹다 |
|------|------|------|
| | 가고 있다 | 먹고 있다 |

**1.** 지금 하는 행동에 대해 말할 때 쓴다.

表示对现在正在进行的行为叙述时使用。

> 예 아이들이 지금 책을 읽**고 있어요**. 孩子们现在在看书。
> 지금 텔레비전을 보**고 있어요**. 现在在看电视。
> 친구들하고 이야기하**고 있어요**. 和朋友们在聊天。

**2.** '입다, 쓰다, 신다'와 같은 동사와 '타다, 만나다'와 같은 동사의 경우에는 상황에 따라 지금 하는 행동을 나타내기도 하고 그 행동이 끝난 후에도 그 상태가 계속됨을 나타내기도 한다.

与 '입다, 쓰다, 신다', '타다, 만나다'等动词，根据情况表示现在所做的行为，还表示此动作结束后状态的持续。

> 예 빨간색 옷을 입**고 있는** 사람이 우리 선생님이에요. (옷을 입고 있는 중) 正在穿红色衣服的人是我们的老师。(正在穿衣服)
> 빨간색 옷을 입**고 있는** 사람이 우리 선생님이에요. (옷을 입은 상태) 穿着红色衣服的人是我们的老师。(穿着衣服的状态)
> 저는 버스를 타**고 있어요**. (버스를 타는 중) 我正在上公共汽车。(正在上公共汽车)
> 저는 버스를 타**고 있어요**. (버스를 탄 상태) 我在坐公共汽车。(坐着公共汽车的状态)

**3.** 과거 상황에 대해 말할 때는 '고 있었다'로 쓰고 미래·추측 상황에 대해 말할 때는 '고 있을 것이다'의 형태로 쓴다.

想表达过去状况时用'고 있었다'，表达对未来的推测状况时用'고 있을 것이다'的形态来使用。

**예** 가 : 어제 전화 왜 안 받았어요? 昨天为什么没接电话?

　　나 : 피곤해서 자고 **있었어요**. 因为累了在睡觉。

　　가 : 영호 씨가 지금 뭐 하고 있을까요? 荣浩现在在做什么呢?

　　나 : 아마 수업을 듣고 **있을 거예요**. 大概在上课吧。

　　가 : 우리가 십년 후에는 뭐 하고 있을까요? 我们十年后会在做什么呢?

　　나 : 그때도 회사에서 일하고 **있을 거예요**. 那时候将会在公司上班吧。

**4.** 행동하는 사람이 윗사람인 경우에는 '고 계시다'로 쓴다.

　　发出动作的人是长辈或上司时, 用'고 계시다'。

**예** 우리 부모님께서는 지금 고향에 살고 **계세요**. 我们父母现在在家乡生活。

　　할아버지께서는 지금 댁에서 주무시고 **계세요**. 爷爷现在在家里睡觉。

유리 씨, 지금 뭐 해요?

밥 먹고 있어요.

---

**더 생각해보기**

'고 있다'와 '는 중이다'의 차이 ('는 중이다' → 45쪽 참고)

'고 있다'与 '는 중이다' 的区别 ('는 중이다' → 参考45页)

'는 중이다'와 '고 있다'는 모두 지금 하는 행동을 나타내지만 '는 중이다'는 지금 일이 일어나는 순간에 초점을 둔다. 따라서 '살다, 지내다, 다니다'처럼 어떤 상태가 지속적으로 이루어지는 의미의 동사는 '는 중이다' 대신 '고 있다'를 쓴다.

'는 중이다'与 '고 있다'都表示现在做的行为, '는 중이다'表示以此时此刻发生的状态为焦点, 与'살다, 지내다, 다니다'等动词一起使用, 表示某种状态的持续时, 代替'는 중이다'以'고 있다'来使用。

**예** 저는 한국에 살고 있어요. 我生活在韩国。

　　저는 한국에서 잘 지내고 있어요. 我在韩国过得很好。

　　저는 지금 대학교에 다니고 있어요. 我现在在上大学。

**더 생각해보기**

'고 있다'와 '아/어 있다'의 차이 ('아/어 있다' → 91쪽 참고)

'고 있다'与 '아/어 있다' 的区别 ('아/어 있다' → 参考91页)

1) '고 있다'는 지금 하는 행동을 나타내고 '아/어 있다'는 어떤 상태가 계속되는 것을 나타낸다.

   '고 있다'表示现在在做的行动，'아/어 있다'表示状态的持续。

   **예** 영호 씨가 지금 집에 가고 있어요. (영호가 집에 가는 중임) 荣浩现在正在回家的路上。(荣浩在回家的路上)

   영호 씨가 지금 집에 가 있어요. (영호가 집에 있음) 荣浩现在在家里。(荣浩在家里)

2) '입다, 쓰다, 신다' 등은 '고 있다'와 함께 써서 어떤 상태가 계속되는 것을 나타내기도 한다. 따라서 이와 같은 뜻을 나타낼 때는 '아/어 있다' 대신 '고 있다'를 쓴다.

   '입다, 쓰다, 신다'等, 与 '고 있다'一起使用，表示某种状态的持续。所以表达与其相同的意思时用代替 '아/어 있다', 以'고 있다'来使用。

   **예** 내 친구는 예쁜 치마를 입고 있어요. (○) 我的朋友穿着漂亮的裙子。

   내 친구는 예쁜 치마를 입어 있어요. (×)

3) '서다, 앉다' 등은 '고 있다'를 쓰면 그 행동이 지금 일어나는 것을 의미한다. 따라서 이미 그 행동이 끝난 후 지속되는 경우는 '아/어 있다'와 쓴다.

   '서다, 앉다'等, 与 '고 있다'一起使用，表示行为的发生。所以在已经结束的状态仍在持续时与'아/어 있다'来使用。

   **예** 저는 의자에 앉아 있어요. (앉은 후에 그 상태를 유지하고 있음) 我坐在椅子上。(坐了以后, 其状态仍在持续)

   저는 의자에 앉고 있어요. (앉는 중) 我正往椅子上坐。(正在往椅子上坐)

# 기가

| 동사 | 가다 | 먹다 |
|------|------|------|
|      | 가**기가** | 먹**기가** |

**1.** [A 기가 B] '기+가'의 형태로, A를 하는 데 있어서 B와 같이 판단함을 나타낸다. 이때 B에는 '쉽다, 어렵다, 좋다, 나쁘다, 편하다, 불편하다, 힘들다' 등과 같은 일부 형용사만 온다.

[A 기가 B] 以'기+가'的形态表示在做A的同时做出了类似B的判断。这时的B与'쉽다, 어렵다, 좋다, 나쁘다, 편하다, 불편하다, 힘들다'等一部分形容词一起使用。

> 📖 이 단어는 발음하**기가 어렵다**. 这个单词发起音来很难.
>
> 이 음식은 맵지 않아서 아이들이 먹**기가 좋아요**. 这道菜不辣适合孩子们来吃.
>
> 새로 이사 간 집은 교통이 편해서 학교 다니**기가 편해요**. 新搬的家交通很便利去学校很方便.

**2.** '기가'에서 '가'를 생략할 수 있다.

可以省略'기가'的 '가'来使用。

> 📖 다리를 다쳐서 걷**기가 힘들다**. 弄伤了腿走起来很吃力.
>
> 다리를 다쳐서 걷**기 힘들다**.

의자가 너무 높아서 앉기가 힘드네요.

낮은 것으로 갖다 드릴게요.

# 기 때문에

| 동사/형용사 | 가다 | 먹다 | 크다 | 춥다 |
|---|---|---|---|---|
| | 가기 때문에 | 먹기 때문에 | 크기 때문에 | 춥기 때문에 |

**1.** [A 기 때문에 B] A가 B의 확실한 이유이다. 문어체에서 많이 쓴다.

[A 기 때문에 B] 先行句A是后行句B的坚定理由(原因)。在书面语中经常使用。

> 예 내 친구는 성격이 **좋기 때문에** 인기가 많아요. 因为我的朋友性格好所以人气很旺。
> 주말에 우리 집에 친구들이 **오기 때문에** 청소해야 해요. 因为周末家里来朋友所以要打扫。
> 휴대폰이 비싸**기 때문에** 살 수 없습니다. 因为手机很贵所以不能买。

**2.** 과거 '았/었'과 함께 쓸 수 있다.

可以与过去 '았/었'一起使用。

> 예 어제 몸이 많이 아**팠기 때문에** 학교에 못 왔습니다. 因为昨天身体很不舒服所以没能去回校。
> 열심히 공부**했기 때문에** 시험을 잘 볼 수 있을 거예요. 因为努力学习了所以考试会考得很好。

**3.** [A 기 때문에 B] B에는 명령 '(으)세요, (으)십시오', 청유 '(으)ㅂ시다, (으)ㄹ까요?' 등을 쓰지 않는다. 명령이나 청유 문장의 경우는 '(으)니까'와 주로 쓴다. ('(으)니까' → 131쪽 참고)

[A 기 때문에 B] 后行句B不能与命令'(으)세요, (으)십시오', 请求 '(으)ㅂ시다, (으)ㄹ까요?'等, 一起使用。在命令, 劝诱文当中常与'(으)니까'连用。('(으)니까' → 参考131页)

> 예 수업이 없기 때문에 집에 가세요. (×)
> 수업이 없**으니까** 집에 가세요. (○) 因为没有课, 请回家。
> 날씨가 좋기 때문에 산책할까요? (×)
> 날씨가 좋**으니까** 산책할까요? (○) 天气很好, 所以我们去散步怎么样?

**4.** '기 때문이다'의 형태로 문장을 끝낼 수 있다.

以'기 때문이다'的形式可以在文章结尾使用。

> 예 가 : 정말 감사합니다. 선생님. 实在太感谢了。老师。
>
> 나 : 뭘요. 모두 영호 씨가 열심히 노력했**기 때문이에요**. 不用客气, 都是因为荣浩努力的结果。

**5.** '기 때문에' 앞에 명사가 오면 '(이)기 때문에'로 쓴다.

名词位于'기 때문에'前时，用'(이)기 때문에'来使用。

> 예 여기는 공공장소**기 때문에** 크게 말하면 안 됩니다. (여기는 공공장소예요. 크게 말하면 안 됩니다.) 因为这里是公共场所所以不能大声说话。(这里是公共场所。不可以大声说话。)
>
> 저는 외국인**이기 때문에** 한국 문화를 잘 몰라요. (저는 외국인이에요. 한국 문화를 잘 몰라요.) 因为我是外国人所以不了解韩国文化。(我是外国人。不了解韩国文化。)

유리 씨, 많이 피곤해 보여요.

요즘 일이 많기 때문에 좀 피곤해요.

# 기 시작하다

| 동사 | 가다 | 먹다 |
|---|---|---|
| | 가기 시작하다 | 먹기 시작하다 |

**1.** '기+(를)+시작하다'의 형태로 어떤 일을 처음 하거나 어떤 상태가 처음으로 나타날 때 쓴다. 이때 '를'을 생략해서 쓴다.

以'기+(를)+시작하다'的形态表示初次进行某事或初次出现某状态时使用。这时可以省略'를'来使用。

> 예 나는 작년부터 수영을 배우**기 시작했다.** 我从去年开始学习游泳。
> 비가 오**기 시작해서** 빨리 집으로 뛰어갔다. 因为开始下雨了尽快的跑回了家。
> 날이 점점 더워지**기 시작했다.** 天气开始变得越来越热了。
> 그는 스무 살 때부터 담배를 피우**기 시작했다.** 他从二十岁开始吸的烟。

언제부터 한국어를 공부하기 시작했어요?

일 년 전부터요.

# 기 위해서

| 동사 | 하다 | 찾다 |
|------|------|------|
|      | 하기 위해서 | 찾기 위해서 |

**1.** [A 기 위해서 B] A를 이루고자 B를 하는 것을 나타낸다. 이때 A에는 너무 일상적이거나 사소한 일은 쓰지 않는다.

[A 기 위해서 B] 表示为了达成A来做B。这时的A不用在过于日常或琐碎的事情上。

> 예 저는 한국어를 배우**기 위해서** 한국에 왔어요. 我为了学习韩国语来到了韩国.
> 저는 성공하**기 위해서** 열심히 노력하고 있습니다. 我为了成功正在努力.

**2.** '기 위해서'는 '서'를 생략하여 '기 위해, 기 위하여'로 쓸 수 있다.

可以省略'기 위해서'的 '서'变为'기 위해, 기 위하여'来使用.

> 예 시장 조사를 하**기 위해** 명동에 가려고 합니다. 为了做市场调查所以要去明洞.
> 저는 건강을 지키**기 위하여** 매일 운동을 합니다. 我为了保持健康所以每天运动.

**3.** 뒤에 오는 명사를 꾸며 줄 때에는 '기 위한+(명사)'로 쓴다.

在修饰后接的名词时用'기 위한+(名词)'来表达.

> 예 공부를 잘하**기 위한** 방법을 좀 알고 싶습니다. 想了解能学好习的方法.
> 어려운 사람을 돕**기 위한** 사람들의 노력이 보기 좋네요. 为了帮助有困难的人, 大家努力的样子看起来很棒.

**4.** 명사와 함께 쓸 때에는 '을/를 위해서'로 쓴다.

与名词一起使用时用'을/를 위해서'来表达.

> 예 부모님은 저**를 위해서** 많은 희생을 하십니다. 父母为了我付出了很大的牺牲.
> 우리의 즐거운 직장 생활**을 위해서** 건배합시다. 为了我们愉快的职业生活干杯吧.

저축을 참 열심히 하네요.

여행 가기 위해서 돈을 모으는 중이에요.

### 더 생각해보기

'기 위해서'와 '(으)려고', '고자'의 차이

('(으)려고' → 137쪽 참고, '고자' → 고급 참고)

'기 위해서'与 '(으)려고', '고자'的区别

('(으)려고' → 参考137页, '고자' → 参考高级)

1) '기 위해서'와 '(으)려고', '고자' 모두 어떤 것을 이루려는 목적을 나타낸다. 그러나 '(으)려고'와 '고자' 뒤에는 명령형과 청유형 문장을 쓸 수 없다.

'기 위해서'与 '(으)려고', '고자'都表示达成某目的。但'(으)려고'与 '고자'后不能使用表示命令或劝诱的文章。

> 예 건강해지기 위해서는 담배를 끊으세요. (○) 为了变得健康请把烟戒掉。
> 　　건강해지려고 담배를 끊으세요. (×)
> 　　건강해지고자 담배를 끊으세요. (×)

2) '고자'는 '기 위해서'와 '(으)려고'에 비해서 더 공식적이고 문어적인 표현이며, 말할 때에는 '(으)려고'가 가장 많이 쓰인다.

'고자'比起 '기 위해서', '(으)려고'更加正式并且是书面表达方式。在口语中最常使用的为'(으)려고'。

> 예 사람들은 행복을 누리고자 많은 노력을 한다. 人们为了享受幸福付出很多努力。
> 　　김치를 담그려고 시장에서 배추를 샀어요. 为了腌泡菜去市场买了白菜。

# 기 전에

| 동사 | 자다 | 먹다 |
|------|------|------|
| | 자기 전에 | 먹기 전에 |

**1.** [A 기 전에 B] B를 A보다 먼저 함을 나타낸다.

[A 기 전에 B] 表示先做后行句B然后做先行句A。

> **예** 밥 먹기 **전에** 손을 씻어요. 吃饭之前先洗手。
> 고향에 가기 **전에** 선물을 살 거예요. 回家乡之前先买礼物。

**2.** 과거 '았/었', 미래·추측 '겠' 등은 함께 쓰지 않는다.

不能与过去 '았/었', 未来·推测 '겠'等一起使用。

> **예** 잠을 자기 **전에** 숙제를 모두 끝냈어요. (○) 睡觉之前把所有的作业都完成了。
> 어제 잠을 잤기 전에 숙제를 모두 끝냈어요. (×)
> 내일 잠을 자겠기 전에 숙제를 모두 끝냈어요. (×)

**3.** 때나 시간의 명사와 함께 쓸 때에는 '전에'로 쓴다.

与时间，或时间名词一起使用时，用'전에'来表达。

> **예** 방학 **전에** 이 책을 모두 배울 거예요. 放假前将学完这本书。
> 10년 **전에** 한국에 왔어요. 10年前来到韩国。

고향에 가기 전에 한번 만날까요?

좋아요.

# 기로 하다

| 동사 | 만나다 | 먹다 |
|------|--------|------|
|      | 만나기로 하다 | 먹기로 하다 |

**1.** 어떤 일을 하겠다고 결심하거나 약속함을 나타낸다. 이때 보통 '기로 했다'로 쓴다.

表示决心做某事，或者约定做某事时使用。这时常用'기로 했다'来使用。

> 예 주말에 친구하고 도서관에 가**기로 했어요**. 周末约定和朋友去图书馆。
> 올해에는 꼭 운동을 하**기로 했어요**. 今年下定决心要运动。
> 지난주에 친구를 만나**기로 했는데** 못 만났어요. 上周约定和朋友见面但是没有见成。

**2.** '기로 하다'의 '하다'를 '결정하다, 결심하다, 약속하다, 마음먹다' 등으로 바꿔 쓸 수 있다.

'기로 하다'的 '하다' 可以替换成'결정하다, 결심하다, 약속하다, 마음먹다'等。

> 예 오늘부터 술을 안 먹**기로 결심했어요**. 从今天开始，决心不喝酒了。
> 다시는 울지 않**기로 마음먹었어요**. 决心再也不哭了。
> 주말에 친구와 만나**기로 약속했어요**. 约定和朋友周末见面。

**3.** 아직 결정이 되지 않은 경우는 '기로 하다'를 쓴다.

在还没有决定的情况下用'기로 하다'来表达。

> 예 지금 바쁘니까 나중에 다시 이야기하**기로 해요**. 因为现在很忙所以决定以后再说。

주말에 뭐 할 거예요?

친구랑 영화 보기로 했어요.

# 기를 바라다

| 동사 | 만나다 | 먹다 |
|------|--------|------|
|      | 만나**기를 바라다** | 먹**기를 바라다** |

**1.** '기+를+바라다'의 형태로 그렇게 되기를 소망함을 나타낸다. 공식적인 자리에서 많이 쓰인다.
以'기+를+바라다'的形态表示希望达成某状态。在正式的场合中经常使用。

> 예 모든 일이 다 잘되**기를 바랍니다**. 希望所有的事情都能变好。
> 동창회에 사람들이 많이 참석하**기 바랍니다**. 希望同学聚会能有很多人参加。
> 빨리 회복하시**기 바랍니다**. 希望能够快愈(恢复)。

**2.** '건강하다, 행복하다'는 형용사이지만 '기를 바라다'와 함께 쓰여 관용적으로 '건강하(시)기를 바라다, 행복하(시)기를 바라다'로 쓸 수 있다.
'건강하다, 행복하다'虽然是形容词, 与'기를 바라다'一起惯用变为'건강하(시)기를 바라다, 행복하(시)기를 바라다'来使用。

> 예 새해에도 건강하시**기를 바랍니다**. 在新的一年里希望(你)能健康。
> 더욱더 행복하시**기를 바랍니다**. 希望(你)能更加幸福。

**3.** '기를 바라다'의 '를'은 생략할 수 있다.
可以省略'기를 바라다'的 '를'来使用。

> 예 새로운 환경에 빨리 적응하**기를 바랍니다**. 希望能尽快适应新的环境。
> 새로운 환경에 빨리 적응하**기 바랍니다**.

새해에도 좋은 일 많이 생기기를 바랍니다.

# 까지

| 명사 | 학교 | 아침 |
|---|---|---|
| | 학교**까지** | 아침**까지** |

**1.** 시간이나 장소의 마지막 또는 끝을 나타낸다.

表示时间或场所的终止和结尾。

> 📖 아침부터 저녁**까지** 일만 했어요. 从早到晚只工作了。
> 학교에서 집**까지** 걸어서 10분쯤 걸려요. 从学校到家步行需要10分钟。
> 지하철역으로 아침 9시**까지** 오세요. 请早上9点来地铁站。

**2.** 보통 '에서'와 함께 쓰일 때는 장소의 시작과 끝을 나타내고 '부터'와 함께 쓰일 때는 시간의 시작과 끝을 나타낸다. ('부터1' → 75쪽 참고, '에서3' → 128쪽 참고)

一般与'에서'一起使用时表示场所的开始到尽头， 与'부터'一起使用时表示时间的开始到终止。 ('부터1' → 参考75页, '에서3' → 参考128页)

> 📖 서울**에서** 부산**까지** 기차로 몇 시간쯤 걸려요? 从首尔到釜山坐火车大概需要几个小时?
> 우리는 매일 9시**부터** 1시**까지** 한국어를 공부해요. 我们每天从9点到1点学习韩国语。

몇 시까지 가요?

9시까지 오세요.

## 께 1

| 명사 | 할아버지 | 부모님 |
|---|---|---|
| | 할아버지께 | 부모님께 |

**1.** '에게'의 높임 표현으로 어떤 행동을 받는 대상이 윗사람일 때 쓴다. ('에게'
→ 121쪽 참고)
是'에게'的敬语形式，表示接受行为的对方是需要尊敬的人时使用。('에게'
→ 参考121页)

> 예 저는 부모님께 매일 전화를 합니다. 我每天给父母打电话。
> 모르는 것이 있으면 선생님께 물어보세요. 有不懂的问题请问老师。

**2.** '주다, 질문하다, 연락하다, 전화하다, 보내다' 등과 자주 쓴다. 하지만 이때 '께'
는 높임 표현이기 때문에 '드리다, 질문드리다, 연락드리다, 전화드리다, 보내드
리다'로 바꿔 쓰는 게 좋다.
与动词'주다, 질문하다, 연락하다, 전화하다, 보내다'等经常一起使用，
但此时的'께'是敬语形式，所以变为 '드리다, 질문드리다, 연락드리다,
전화드리다, 보내드리다'来使用。

> 예 저는 부모님께 매일 전화를 **드립니다.** 我每天给父母打电话。
> 할아버지께 **드릴** 선물을 샀어요. 买了给爷爷的礼物。
> 선생님께 제가 연락을 **드리겠습니다.** 我给老师打电话。

유리 씨, 그게 뭐예요?

부모님께 드릴 선물이에요.

# 께2

| 명사 | 할아버지 | 부모님 |
|------|---------|--------|
|      | 할아버지께 | 부모님께 |

**1.** '에게서'의 높임 표현으로 어떤 행동을 시작한 사람이 윗사람일 때 쓴다.
('에게서' → 123쪽 참고)
是'에게서'的敬语形式，表示开始某动作的人为尊敬的对象时使用。
('에게서' → 参考123页)

> 예 그 소식을 교수님께 들었어요. 那个消息是从教授那里听到的。
> 이 시계는 할아버지께 받은 선물이에요. 这个手表是从爷爷那收到的礼物。

**2.** '듣다, 받다, 배우다, 얻다' 등과 많이 쓴다.
常与'듣다, 받다, 배우다, 얻다'等一起使用。

> 예 어머니께 전화를 **받아서** 기분이 좋았어요. 接到从妈妈那里打来的电话很高兴。
> 김 선생님께 한국어를 **배웠어요.** 从金老师那里学的韩国语。

누구에게서 그 소식을 들었어요?

선생님께 들었어요.

# 께서

| 명사 | 할아버지 | 부모님 |
|---|---|---|
| | 할아버지**께서** | 부모님**께서** |

**1.** '이/가'의 높임 표현으로 문장의 주어를 나타낸다. ('이/가' → 209쪽 참고)
是'이/가'的敬语形式, 体现文章的主语。('이/가' → 参考209页)

> 예 선생님**께서** 학생들을 많이 도와주십니다. 老师经常帮助学生们。
> 부모님**께서** 화를 많이 내셨어요. 父母很生气。
> 할머니**께서** 저를 부르셨어요. 奶奶叫我。

**2.** '는, 도' 등과 같이 쓰기도 한다. ('은/는' → 173쪽 참고, '도' → 67쪽 참고)
也与'는, 도'一起使用。('은/는' → 参考173页, '도' → 参考67页)

> 예 부모님**께서는** 제 걱정을 많이 하세요. 父母很惦记我。
> 선생님**께서도** 생일 파티에 오셨어요. 老师也来参加生日派对了。

시계가 아주 예쁘네요.

우리 아버지**께서**
생일 선물로 주셨어요.

# 나 보다

# 은가 보다/ㄴ가 보다

| 동사 | 가다 | 먹다 |
|------|------|------|
|      | 가나 보다 | 먹나 보다 |

| 형용사 | 예쁘다 | 좋다 |
|--------|--------|------|
|        | 예쁜가 보다 | 좋은가 보다 |

**1.** 어떤 근거를 가지고 추측함을 나타낸다.

表示以某根据推测某事时使用。

> **예** 가 : 유리 씨가 전화를 안 받아요. 刘丽不接电话。
> 나 : 자**나 봐요**. 可能是睡着了吧。
>
> 가 : 영호 씨가 좀 힘들어 보이네요. 荣浩看起来很累。
> 나 : 아픈**가 봐요**. 可能是生病了吧。

**2.** '있다/없다'는 '나 보다'를 쓴다.

'있다/없다'接 '나 보다'来使用。

> **예** 저 사람이 계속 웃네요. 재미있**나 봐요**. 那个人一直在笑。可能很有意思。
> 오늘 진짜 많이 먹네요. 맛있**나 봐요**. 今天真的吃得很多。可能很好吃。

**3.** '나 보다', '(으)ㄴ가 보다' 모두 과거의 상황을 나타낼 때 '았나/었나 보다'의 형태로 쓴다.

'나 보다', '(으)ㄴ가 보다'都在表示过去的状况时，变为'았나/었나 보다' 的形态来使用。

> **예** 배가 많이 나온 걸 보니까 오늘 많이 먹**었나 봐요**. 肚子看起来这么大，今天可能吃了很多。
> 유리 씨가 계속 기침을 하는 걸 보니까 감기에 걸**렸나 봐요**. 看刘丽一直在咳嗽，可能是感冒了。
> 늦잠 자는 걸 보니까 어제 많이 피곤**했나 봐요**. 看白天睡觉的样子，可能昨天很累。

**4.** '나 보다'의 미래의 상황을 나타낼 때 '(으)ㄹ 건가 보다'의 형태로 쓴다.

'나 보다'在表示未来的状况时，变为'(으)ㄹ 건가 보다'来使用。

> 🔲 영호 씨가 짐을 싸는 걸 보니까 이사를 **할 건가 봐요**. 看荣浩装行李的样子，可能将要搬家吧。
>
> 날씨가 흐리네요. 비가 **올 건가 봐요**. 看天气阴的样子，可能将要下雨吧。

**5.** '나 보다', '(으)ㄴ가 보다' 앞에 명사가 오면 '인가 보다'로 쓴다.

名词位于'나 보다', '(으)ㄴ가 보다'前面时，变为'인가 보다'来使用。

> 🔲 말하는 걸 보니까 외국 사람**인가 봐요**. 看说话的样子，可能是外国人吧。
>
> 저 사람이 영호 씨의 제일 친한 친구**인가 봐요**. 那个人可能是荣浩最要好的朋友吧。

저 사람 옷이 다 젖었네요.

밖에 비가 오나 봐요.

## 나요?　　　　　　　　　은가요?/ㄴ가요?

| 동사 | 가다 | 먹다 |
|------|------|------|
|      | 가나요? | 먹나요? |

| 형용사 | 예쁘다 | 좋다 |
|--------|--------|------|
|        | 예쁜가요? | 좋은가요? |

**1.** 부드러운 느낌으로 질문할 때 쓴다.

表示委婉的提问时使用。

> 예 가 : 유리 씨는 무슨 영화를 좋아하**나요**? 刘丽喜欢什么电影啊?
> 나 : 저는 공포 영화를 좋아해요. 我喜欢恐怖电影。
>
> 가 : 어디가 아**픈가요**? 哪里不舒服啊?
> 나 : 머리가 좀 아픈 것 같아요. 头有些疼。
>
> 가 : 한국 친구가 많**은가요**? 韩国朋友多吗?
> 나 : 네, 많아요. 是的, 多。

**2.** 과거 상황에 대해 질문할 때는 '나요?', '(으)ㄴ가요?'를 모두 '았나요/었나요?' 로 쓴다.

对过去状况提问时'나요?', '(으)ㄴ가요?'变为 '았나요/었나요?'来使用。

> 예 가 : 벌써 2시인데 아직도 밥을 안 먹**었나요**? 已经2点了还没吃饭吗?
> 나 : 오늘 좀 바빠서요. 今天有点忙。
>
> 가 : 어제 날씨가 많이 추**웠나요**? 昨天天气很冷吗?
> 나 : 눈도 오고 정말 추웠어요. 又下了雪真的很冷。

**3.** 미래 상황에 대해 질문할 경우 '나요?'를 '(으)ㄹ 건가요?'로 쓴다.

对未来的状况提问时'나요?'变为'(으)ㄹ 건가요?'来使用。

> 예 가 : 그 일을 **할 건가요**? 要做那个事吗?
> 나 : 네, 하겠습니다. 是的, 要做。
>
> 가 : 저녁을 **먹을 건가요**? 要吃晚饭吗?
> 나 : 조금 이따가 먹을게요. 过一会儿再吃。

**4.** '있다, 없다'는 '나요?'를 쓴다.

'있다, 없다'的情况下，接'나요?'。

> 예 가 : 한국어 수업이 재미있**나요**? 上韩国语课有意思吗?
> 나 : 네, 재미있어요. 是的，有意思。
>
> 가 : 음식이 맛이 없**나요**? 菜不好吃吗?
> 나 : 아니요, 맛있어요. 不是，很好吃。

**5.** '나요?/(으)ㄴ가요?'의 앞에 명사가 오면 '인가요?'로 쓴다.

名词位于'나요?/(으)ㄴ가요?'前时使用'인가요?'。

> 예 가 : 저분은 누구**인가요**? 那位是谁?
> 나 : 우리 아버지세요. 是我的爸爸。
>
> 가 : 이 책은 무슨 책**인가요**? 这本书是什么书?
> 나 : 한국어 책이에요. 是韩国语书。

**6.** 불규칙의 경우는 다음과 같다.

不规则变化时如下。

> 예 친구를 만나면 보통 무엇을 하면서 노나요? (놀다) 一般和朋友见面都玩些什么?
> 김치가 많이 매운가요? (맵다) 泡菜狠辣吗?
> 이 책은 어떤가요? (어떻다) 这本书怎么样?

유리 씨, 그 영화가 재미있나요?

네, 재미있어요.

# 네요

| 동사/형용사 | 오다 | 먹다 | 크다 | 좋다 |
|---|---|---|---|---|
| | 오네요 | 먹네요 | 크네요 | 좋네요 |

**1.** 지금 처음 알게 된 일에 대해서 말하는 사람의 느낌을 말할 때 쓴다.

表示在对现在刚刚知道的事情，表达说话人的感受时使用。

> 예 가 : 이 옷은 백만 원이에요. 这件衣服100万韩元。
>
> 나 : 와, 비싸네요. 哇，好贵啊。
>
> 가 : 영호 씨가 이 일을 다 도와줬어요. 这件事都是荣浩帮的忙。
>
> 나 : 친절하네요. 真亲切啊。

**2.** 과거 '았/었', 추측 '겠' 등과 함께 쓸 수 있다.

能与表示过去的'았/었'，表示推测的'겠'等一起使用。

> 예 밖에 눈이 정말 많이 왔네요. 外面真的下了好多的雪啊。
>
> 가 : 어제 아기 때문에 한 시간도 못 잤어요. 昨天因为孩子一个小时也没睡。
>
> 나 : 오늘 많이 피곤하겠네요. 今天一定很累吧。

**3.** '네요' 앞에 명사가 오면 '(이)네요'로 쓴다.

名词位于'네요'前时用'(이)네요'。

> 예 가 : 영호 씨는 정말 좋은 친구네요. 荣浩真是很好的朋友啊。
>
> 나 : 뭘요. 당연히 해야 할 일을 한 건데요. 不客气，是我该做的。
>
> 가 : 시험만 끝나면 방학이네요. 考试结束的话就放假了。
>
> 나 : 그렇게 좋아요? 저도 좋네요. 那么高兴吗?我也高兴啊。

**4.** 불규칙의 경우는 다음과 같다.

不规则变化如下。

> 예 아기가 잘 노네요. (놀다) 孩子玩得很好。

유리 씨, 밖에 눈이 오네요.

와, 정말 아름답네요!

**더 생각해보기**

'네요'와 '는군요/군요'의 차이 ('는군요/군요' → 49쪽 참고)
'네요'与 '는군요/군요'的区别 ('는군요/군요' → 参考49页)

'는군요/군요'와 '네요'는 모두 지금 알게 된 일을 감탄하면서 이야기할 때 사용한다. 하지만 '네요'는 듣는 사람이 모르는 일이라고 생각할 때 자주 쓰고 '는군요/군요'는 듣는 사람이 알고 모름에 상관없이 쓴다.

'는군요/군요'与 '네요'都是表示对刚刚所知道的事实进行感叹时使用。但'네요'表示认为听话人不知道的事实时经常使用。 '는군요/군요'则不考虑听话人知不知道。

예 밖에 눈이 오는군요. 外边正在下雪啊。

밖에 눈이 오네요. (상대방이 모를 것이라고 생각함) 外边在下雪啊。(认为对方不知道)

가 : 유리 씨, 많이 아프군요. 刘丽, 很难受吧。
나 : 네, 제가 감기에 걸려서 좀 아파요. 是啊, 我感冒了有点难受。

## 느냐고 하다

## 으냐고 하다/냐고 하다

| 동사 | 가다 | 먹다 |
|------|------|------|
|      | 가느냐고 하다 | 먹느냐고 하다 |

| 형용사 | 예쁘다 | 좋다 |
|--------|--------|------|
|        | 예쁘냐고 하다 | 좋으냐고 하다 |

**1.** 어떤 사람이 질문한 것을 전달할 때 쓴다.

在传达某人提问的某事时使用。

> 📗 친구가 어디에 **가느냐고 했어요** (친구 : "어디에 가요?") 朋友问, 去哪。(朋友 : "去哪里啊?")
>
> 친구가 점심에 무엇을 **먹느냐고 했어요** (친구 : "점심에 무엇을 먹어?") 朋友问, 中午吃什么。(朋友 : "中午吃什么啊?")
>
> 영호 씨가 여자 친구가 **예쁘냐고 했어요** (영호 : "여자 친구가 예뻐요?") 荣浩问, 女朋友漂亮吗。(荣浩 : "女朋友漂亮吗?")
>
> 유리 씨가 날씨가 **좋으냐고 했어요** (유리 : "날씨가 좋아요?") 刘丽问, 天气好吗。(刘丽 : "天气好吗?")

**2.** 말하는 사람 자신이 한 말을 다시 전달할 때도 쓴다.

表示说话人重复传达自己说过的话时使用。

> 📗 제가 영호 씨한테 어디에 **가느냐고 했**는데 대답을 안 했어요. (나 : "영호 씨, 어디에 가요?") 我问了荣浩去哪里, 但是没有回答。(我 : "荣浩, 去哪里啊?")
>
> 제가 유리 씨한테 뭘 하고 싶**으냐고 했어요** (나 : "유리 씨, 뭘 하고 싶어요?") 我问了刘丽, 想做什么。(我 : "刘丽, 想做什么啊?")

**3.** '느냐고 하다'의 '하다'를 '묻다, 질문하다, 말하다' 등으로 바꿔 쓸 수 있다.

可以把'느냐고 하다'的 '하다'改为 '묻다, 질문하다, 말하다'等, 来使用。

> 📗 학생이 선생님께 언제 시험을 보**느냐고 질문했어요** (학생 : "선생님, 언제 시험을 봐요?") 学生问老师, 什么时候考试。(学生 : "什么时候考试啊?")
>
> 친구가 저에게 무슨 책을 읽**느냐고 물었어요** (친구 : "무슨 책을 읽어요?") 朋友问我, 在读什么书。(朋友 : "在读什么书啊?")

**4.** 과거 상황에 대해 말할 때는 동사, 형용사 모두 '았냐고/었냐고 하다'로 쓰고 미래·추측의 상황에 대해 말할 때는 동사, 형용사 모두 '겠느냐고 하다', '(으)ㄹ 거냐고 하다'의 형태로 쓴다.

对过去状况叙述时，动词，形容词都用'았냐고/었냐고 하다'来使用。对未来·推测状况叙述时，动词，形容词都用'겠느냐고 하다'，'(으)ㄹ 거냐고 하다'来使用。

> **예** 영호가 선생님께 이 문법을 **배웠냐고 했어요**. (영호 : "선생님, 이 문법을 배웠어요?") 荣浩问老师，这个语法学过吗？(荣浩 : "这个语法学过吗?")
>
> 친구가 저에게 어렸을 때 예**뻤냐고 물었어요**. (친구 : "어렸을 때 예뻤어요?") 朋友问我，小时候漂亮吗？(朋友 : "小时候漂亮吗?")
>
> 영호가 (저에게) 방학 때 뭐 할 **거냐고 했어요**. (영호 : "방학 때 뭐 할 거예요?") 荣浩问(我)，放假时要做什么。(荣浩 : "放假时做什么啊?")

**5.** '있다, 없다'는 '느냐고 하다'를 쓴다.

'있다, 없다'用'느냐고 하다'来使用。

> **예** 영호가 유리에게 남자 친구가 **있느냐고 했어요**. (영호 : "유리 씨, 남자 친구가 있어요?") 荣浩问刘丽，有没有男朋友。(荣浩 : "有男朋友吗?")
>
> 친구가 요즘도 시간이 **없느냐고 했어요**. (친구 : "요즘도 시간이 없어요?") 朋友问，最近也没有时间吗。(朋友 : "最近也没有时间吗?")

**6.** '느냐고 하다' 앞에 명사가 오면 '(이)냐고 하다'로 쓴다.

名词位于'느냐고 하다'前面时用'(이)냐고 하다'。

> **예** 유리가 선생님께 이 단어가 무슨 **뜻이냐고 했어요**. (유리 : "선생님, 이 단어가 무슨 뜻이에요?") 刘丽问老师，这个单词是什么意思。(刘丽 : "这个单词是什么意思啊?")
>
> 영호가 나에게 저 사람이 남자 친구**냐고 했어요**. (영호 : "저 사람이 남자 친구예요?") 荣浩问我，那个人是不是男朋友。(荣浩 : "那个人是不是男朋友?")

**7.** 일상생활에서는 '느냐고 하다', '(으)냐고 하다'를 모두 '냐고 하다'로 말하는 경우가 많다.

在日常生活中，'느냐고 하다'，'(으)냐고 하다'都用'냐고 하다'来表达。

> **예** 친구가 어디에 가**냐고 했어요**. (친구 : "어디에 가요?") 朋友问我，去哪。(朋友 : "去哪?")

친구가 뭘 먹**냐고 했어요**. (친구 : "뭘 먹어요?") 朋友问，吃什么。(朋友："吃什么啊?")

영호 씨가 여자 친구가 예쁘**냐고 했어요**. (영호 : "여자 친구가 예뻐요?")
荣浩问，女朋友漂亮吗。(荣浩："女朋友漂亮吗?")

유리 씨가 날씨가 좋**냐고 했어요**. (유리 : "날씨가 좋아요?") 刘丽问，天气好吗。(刘丽："天气好吗?")

**8.** 불규칙의 경우는 다음과 같다.

不规则变化时如下。

🔲 선생님이 한국어 공부가 어떠냐고 물으셨어요. (어떻다) 老师问，韩国语学习怎么样。

영호가 선생님께 시험이 어려우냐고 했어요. (어렵다) 荣浩问老师，考试难吗。

영호가 친구를 만나면 주로 어디에서 노느냐고 물었어요. (놀다) 荣浩问朋友，见面的话一般在哪里玩儿。

선생님이 저에게 집이 학교에서 머냐고 하셨어요. (멀다) 老师问我，家离学校远吗。

친구가 뭐라고 했어요?

주말에 뭐 하느냐고 했어요.

# 는

| 동사 | 가다 | 먹다 |
|---|---|---|
| | 가는 | 먹는 |

**1.** '는+명사'의 형태로 현재 또는 반복되는 행위를 나타낸다. 뒤에 오는 명사를 꾸며 준다.

以'는+名词'的形式表示现在，或行为的反复时使用。修饰后接的名词。

> 예 지금 보는 책이 뭐예요? 现在看的书是什么书?
> 지금 제가 먹는 음식은 김치찌개예요. 现在我吃的料理是泡菜汤。
> 저분은 우리를 가르치는 선생님이에요. 那位是教我们的老师。
> 제가 자주 듣는 음악은 케이팝이에요. 我经常听的音乐是K-Pop。

**2.** 뒤에 오는 명사가 물건일 경우에는 '것', 장소일 경우에는 '곳'으로 바꿔 쓸 수 있다.

后接的名词为东西的情况下用'것'，为场所的情况下用'곳'来替换使用。

> 예 저 사람이 먹는 것이 뭐예요? 他吃的是什么?
> 지금 가는 곳이 어디예요? 现在去是地方是哪里?

**3.** '는' 앞에 명사가 오면 '인'으로 쓴다.

名词位于'는'前面时用'인'来表达。

> 예 등산이 취미인 사람이 누구예요? 爱好登山的人是谁?

**4.** 불규칙의 경우는 다음과 같다.

不规则变化时如下。

> 예 제가 사는 곳은 서울이에요. (살다) 我生活的地方是首尔。

유리 씨, 좋아하는 한국 음식이 뭐예요?

김치볶음밥이에요.

# 는 것

| 동사 | 가다 | 먹다 |
|---|---|---|
| | 가는 것 | 먹는 것 |

**1.** 어떤 행위와 함께 쓰여 명사처럼 쓴다.

与某行为一起使用，变为名词一样来使用。

> 예 저는 먹는 것을 정말 좋아해요. 我喜欢吃东西。(吃的行为)
> 거기까지 걸어서 가는 것은 힘들어요. 徒步走到那里，是一件很累的事。
> 제가 좋아하는 것으로 골랐어요. 我挑了我喜欢的。

**2.** '는 것이, 는 것은, 는 것을, 는 것이다'는 말할 때 각각 '는 게, 는 건, 는 걸, 는 거다'로 많이 사용한다.

'는 것이, 는 것은, 는 것을, 는 것이다'通常在口语中以'는 게, 는 건, 는 걸, 는 거다'的形式来使用。

> 예 저는 운동하는 게 좋아요. 我喜欢做运动。
> 한국어 배우는 건 재미있지만 어려워요. 学习韩国语, 虽然有趣但是很难。
> 제일 잘하는 걸 말해 보세요. 说说(你)最擅长的事。
> 내 취미는 사진을 찍는 거다. 我的爱好是照相。

**3.** '는 것' 앞에 명사가 오면 '인 것'으로 쓴다.

名词位于'는 것'前面时变为'인 것'来使用。

> 예 사람을 만났을 때 인사는 가장 기본적인 것이에요. 见到人时, 打招呼是最基本的。

**4.** 불규칙의 경우는 다음과 같다.

不规则变化时如下。

> 예 제가 아는 것을 말할게요. (알다) 我要说我知道的。

취미가 뭐예요?

운동하는 거예요.

# 는 것 같다

| 동사 | 가다 | 먹다 |
|------|------|------|
|      | 가**는 것 같다** | 먹**는 것 같다** |

**1.** 현재 상황을 보거나 들은 후에 현재의 일을 추측할 때 사용한다.

表示看到，或听到现在的状况后，对现在的事情进行推测时使用。

> 예 영호 씨는 요즘 영어를 배우**는 것 같아요.** 荣浩最近好像在学英语。
> 유리 씨가 쇼핑을 자주 하**는 것 같아요.** 刘丽最近好像经常买东西。
> 민수가 책을 많이 읽**는 것 같아요.** 民秀好像看很多书。

**2.** 현재 일어난 일에 대해 말하는 사람의 생각을 좀 더 부드럽게 표현할 때 사용한다.

表示说话人对现在发生的状况的想法委婉的表达时使用。

> 예 나는 너를 좋아하지 않**는 것 같아.** 미안해. 我想我不喜欢你。很抱歉。
> 지금 밖에 비가 오**는 것 같아요.** 现在外边好像在下雨。

**3.** '는 것 같다' 앞에 명사가 오면 '인 것 같다'로 쓴다.

名词位于'는 것 같다'前面时，用'인 것 같다'。

> 예 밖이 시끄럽네요. 쉬는 시간**인 것 같아요.** 外边很吵。好像是休息时间。
> 두 사람은 친한 친구**인 것 같아요.** 两个人好像是好朋友。

**4.** 불규칙의 경우는 다음과 같다.

不规则变化时如下。

> 예 영호 씨가 혼자 사는 것 같아요. (살다) 荣浩好像一个人生活。

민수 씨가 지금 어디에 있어요?

학교에서 공부하는 것 같아요.

**더 생각해보기**

'는 것 같다'와 '(으)ㄴ 것 같다', '(으)ㄹ 것 같다'의 차이
('(으)ㄴ 것 같다1' → 161쪽 참고 '(으)ㄹ 것 같다1' → 179쪽 참고)
'는 것 같다'与 '(으)ㄴ 것 같다1', '(으)ㄹ 것 같다1'的区别
('(으)ㄴ 것 같다1' → 参考161页 '(으)ㄹ 것 같다1' → 参考179页)

1) '는 것 같다'와 '(으)ㄴ 것 같다', '(으)ㄹ 것 같다'는 동사와 함께 쓰여 각각 현재, 과거, 미래의 추측을 나타낸다.
   '는 것 같다'와 '(으)ㄴ 것 같다', '(으)ㄹ 것 같다'与动词一起使用，分别表示推测现在，过去，未来。

   **예** 비가 온 것 같아요. (과거 추측) 好像下雨了。(过去推测)
   비가 오는 것 같아요. (현재 추측) 好像在下雨。(现在推测)
   비가 올 것 같아요. (미래 추측) 好像要下雨。(未来推测)

2) '(으)ㄹ 것 같다'가 현재 상황을 추측하는 경우가 있는데 이때 근거가 있는 경우에는 '는 것 같다'를 주로 사용하고 근거가 없는 경우에는 '(으)ㄹ 것 같다'를 주로 사용한다.
   '(으)ㄹ 것 같다'表示对现在的推测，但是在有根据的情况下用'는 것 같다'，没有根据的情况下用'(으)ㄹ 것 같다'。

   **예** 영호 씨가 책을 많이 읽을 것 같아요. (그럴 것이라고 막연히 추측함)
   荣浩好像看很多书。(没有根据的推测)
   영호 씨가 책을 많이 읽는 것 같아요. (영호가 평소에 책을 자주 읽는 것을 보고 추측함) 荣浩好像看很多书。(平时看到荣浩经常看书的样子来推测)

# 는 동안

| 동사 | 가다 | 먹다 |
|------|------|------|
|      | 가는 동안 | 먹는 동안 |

**1.** 어떤 일이 지속되는 일정한 시간을 나타낸다.

表示某事持续的时间。

> 예 내가 자는 **동안** 네가 청소했어? 在我睡觉期间你打扫卫生了吗?
> 내가 옷을 입는 **동안** 아침 좀 준비해 주세요. 在我穿衣服的期间请准备好早饭。
> 너를 기다리는 **동안** 책을 읽고 있었어. 在等你的时间里我看书了。

**2.** '있다, 없다'와 같이 쓸 수 있다.

可以与'있다, 없다'一起使用。

> 예 네가 없는 **동안** 너무 외로웠어. 没有你的期间, 很寂寞。
> 한국에 있는 **동안** 한국어를 열심히 배울 거예요. 在韩国期间, 将努力学习韩国语。
> 부모님이 안 계시는 **동안** 집에서 파티를 했어요. 父母不在家期间, 在家里开了派对。

**3.** 때나 시간의 명사와 함께 쓸 때에는 '동안'으로 쓴다.

与时间, 或时间名词一起使用时用'동안'。

> 예 나는 방학 **동안** 고향에 다녀올 거예요. 我在放假期间要回家乡。
> 나는 거의 5년 **동안** 부모님을 못 봤어요. 我大概5年没有见到父母了。

**4.** 불규칙의 경우는 다음과 같다.

不规则变化时如下。

> 예 내가 음식을 만드는 동안 동생은 잤어요. (만들다) 在我做饭期间弟弟睡觉了。

나 없는 동안 심심했지?

응, 심심했어.

# 는 중이다

| 동사 | 가다 | 먹다 |
|------|------|------|
| | 가는 중이다 | 먹는 중이다 |

**1.** 어떤 행동을 하고 있음을 나타낸다.

表示正在做某行为中。

> 예 친구가 안 와서 기다리는 **중이에요**. 朋友还没来，正在等他。
> 지금 회의하는 **중이니까** 나중에 전화하세요. 现在正在开会，一会儿再打电话吧。
> 내일이 시험이라서 공부하는 **중이에요**. 明天有考试，现在正在学习。

**2.** 행동이 일어난 시간이 과거일 경우 '는 중이었다'로 쓴다.

行为发生的时间在过去时，用'는 중이었다'。

> 예 가 : 아까 왜 전화를 안 받았어요? 刚才为什么没接电话呀？
> 나 : 미안해요. 운전하는 **중이었어요**. 不好意思，那时正在开车。

**3.** 명사와 함께 쓸 때에는 '중이다'로 쓴다.

与名词一起使用时，用'중이다'。

> 예 친구가 여행 **중이에요**. 朋友正在旅行中。
> 공사 **중이라서** 길이 자주 막혀요. 修路中，路很堵。
> 전화를 걸었는데 통화 **중이에요**. 打了电话，但是通话中。

**4.** 불규칙의 경우는 다음과 같다.

不规则变化如下。

> 예 지금 친구에게 전화를 거는 중이에요. (걸다) 现在正在给朋友打电话。

유리 씨, 어디예요? 왜 안 와요?

미안해요. 지금 가는 중이에요.

**더 생각해보기**

'는 중이다'와 '고 있다'의 차이 ('고 있다' → 15쪽 참고)

'는 중이다'与 '고 있다' 的区别 ('고 있다' → 参考15页)

'는 중이다'와 '고 있다'는 모두 지금 하는 행동을 나타내지만 '는 중이다'는 지금 일이 일어나는 순간에 초점을 둔다. 따라서 '살다, 지내다, 다니다'처럼 어떤 상태가 지속적으로 이루어지는 의미의 동사는 '는 중이다' 대신 '고 있다'를 쓴다.

'는 중이다'与'고 있다'都表示现在正在做的行为, 但'는 중이다'以现在所发生的瞬间为焦点。所以与'살다, 지내다, 다니다'等, 表示状态持续的动词一起使用时, 代替'는 중이다'以'고 있다'来使用。

**예** 나는 한국에 살고 있어요. 我生活在韩国。

저는 한국에서 잘 지내고 있어요. 我在韩国过得很好。

저는 지금 대학교에 다니고 있어요. 我现在在上大学。

# 는 편이다

# 은 편이다/ㄴ 편이다

| 동사 | 보다 | 먹다 |
|------|------|------|
|      | 보**는 편이다** | 먹**는 편이다** |

| 형용사 | 예쁘다 | 좋다 |
|--------|--------|------|
|        | 예**쁜 편이다** | 좋**은 편이다** |

**1.** 어떤 쪽에 가까움을 나타낸다.

表示更接近某一方。

> 📋 내 친구는 성격이 좋**은 편이에요.** 我的朋友性格算好。(表示朋友是性格好的类型)
> 제 동생은 얼굴이 예**쁜 편이에요.** 我的妹妹长得算漂亮。
> 저는 운동을 자주 하**는 편이에요.** 我算是经常运动。
> 나는 아무거나 잘 먹**는 편이에요.** 我算是什么都能吃。(不挑食的类型)

**2.** '있다, 없다'는 '는 편이다'를 쓴다.

'있다, 없다'与 '는 편이다'来使用。

> 📋 우리 선생님은 멋있**는 편이에요.** 我们的老师是长得帅气的类型(长得算帅气)。
> 그 영화는 재미없**는 편이니까** 보지 마세요. 那部电影没有意思，不要看。

**3.** 동사의 경우 일반적이거나 반복적인 과거의 일에 대해서 말할 때는 '는 편이었다'를 쓰고 과거 특정 시간에 일어난 것에 대해서 말할 때는 '(으)ㄴ 편이다/(으)ㄴ 편이었다'를 쓴다.

在动词的情况下，表述一般或反复性的过去的事情时使用'는 편이었다'，对表达过去特定的时间里发生的状况时用'(으)ㄴ 편이다/(으)ㄴ 편이었다'。

> 📋 어렸을 때는 공부를 잘하**는 편이었어요.** 小时候学习还算好。
> 결혼 전에는 요리를 잘 못하**는 편이었어요.** 结婚之前不算太会做饭。
> 어제는 깨끗하게 청소**한 편이에요.** 昨天打扫的还算干净。
> 어제는 술을 많이 마**신 편이었어요.** 昨天算喝了很多酒。

**4.** 동사와 쓸 때에는 '잘, 많이, 조금, 빨리' 등과 함께 쓴다.

与动词一起使用时与'잘, 많이, 조금, 빨리'等一起使用。

> 예 저는 노래를 **잘** 부르는 **편이에요**. 我的歌儿唱得算好。
> 저는 밥을 **빨리** 먹는 **편이에요**. 我饭吃得算快。

**5.** '는 편이다/(으)ㄴ편이다' 앞에 명사가 오면 '인 편이다'로 쓴다.

名词位于'는 편이다/(으)ㄴ편이다'前面时，用'인 편이다'来使用。

> 예 저는 적극적인 **편이라서** 친구들이 많아요. 我算是积极的(性格)，所以朋友很多。
> 저는 좀 내성적인 **편이에요**. 我的性格算是有些内向。

**6.** 불규칙의 경우는 다음과 같다.

不规则变化如下。

> 예 제 여자 친구는 머리가 긴 편이에요. (길다) 我女朋友的头发算很长。
> 유리 씨는 음식을 잘 만드는 편이에요. (만들다) 刘丽算是擅长做料理。
> 제 친구는 얼굴이 하얀 편이에요. (하얗다) 我的朋友脸算很白。
> 한국은 겨울에 날씨가 추운 편이에요. (춥다) 韩国冬天的天气还算冷。

커피를 좋아해요?

네, 좋아하는 편이에요.

## 는군요 　　　　 군요

| 동사 | 가다 | 먹다 |
|---|---|---|
| | 가는군요 | 먹는군요 |

| 형용사 | 예쁘다 | 좋다 |
|---|---|---|
| | 예쁘군요 | 좋군요 |

**1.** 지금 알게 된 사실에 대해 말하는 사람이 감탄하면서 이야기할 때 사용한다.

表示说话人对刚刚知道的事实进行感叹时使用。

> 예 갑자기 비가 많이 **오는군요**. 突然下起好多雪啊。
> 유리 씨는 영어를 정말 잘하**는군요**. 刘丽的英语说得真好。
> 영호 씨는 정말 머리가 좋**군요**. 荣浩真的很聪明啊。
> 이 드라마가 정말 재미있**군요**. 这个连续剧真的很好看。

**2.** 과거 '았/었', 추측 '겠' 등과 함께 쓸 수 있다.

与过去'았/었', 推测'겠'等一起使用。

> 예 가 : 이거 제 어렸을 때 사진이에요. 这是我小时候的照片。
> 나 : 어렸을 때 정말 예**뻤군요**. 小时候真的很漂亮啊。
>
> 가 : 이거 최신 카메라예요. 这是最新款的照相机。
> 나 : 아주 비싸**겠군요**. 一定很贵吧。

**3.** '는군요/군요' 앞에 명사가 오면 '(이)군요'로 쓴다.

名词位于'는군요/군요'前面时, 用'(이)군요'。

> 예 여기가 영호 씨 학교**군요**. 这里是荣浩的学校啊。
> 남자 친구가 군인**이군요**. 男朋友是军人啊。

**4.** 불규칙의 경우는 다음과 같다.

不规则变化时如下。

> 예 친구들이랑 정말 재미있게 사**는군요**. (살다) 和朋友们生活的很有趣啊。

매운 음식을 잘 먹는군요.

네, 제가 매운 음식을 잘 먹는 편이에요.

**더 생각해보기**

'는군요/군요'와 '네요'의 차이 ('네요' → 35쪽 참고)
'는군요/군요'与 '네요' 的区别 ('네요' → 参考35页)

'는군요/군요'와 '네요'는 모두 지금 알게 된 일을 감탄하면서 이야기할 때 사용한다.
하지만 '네요'는 듣는 사람이 모르는 일이라고 생각할 때 자주 쓰고 '는군요/군요'는
듣는 사람이 알고 모름에 상관없이 쓴다.

'는군요/군요'与 '네요'都是表示对刚刚所知道的事实进行感叹时使用。但 '네
요'常用于听话人不知道的事实情况下。'는군요/군요'则不考虑听话人知不知
道。

예 밖에 눈이 오는군요. 外边正在下雪啊。
　　밖에 눈이 오네요. (상대방이 모를 것이라고 생각함) 外边在下雪啊。(认为对
　　方不知道)

# 는다/ㄴ다1 　　　　다1

| | | | | |
|---|---|---|---|---|
| 동사 | 가다 | | 먹다 | |
| | **간다** | | **먹는다** | |
| 형용사 | 예쁘다 | | 좋다 | |
| | **예쁘다** | | **좋다** | |

**1.** 보통 책이나 신문 등에서 문장을 서술할 때 쓴다. 이것은 높이지도 않고 낮추지도 않는 말이다.

一般用于叙述书面或报纸等文章时使用。既不是敬语又不是非敬语形式。

> 예 나는 자주 머리가 아프**다**. 我经常头痛。
> 이 길은 항상 막**힌다**. 这条路经常堵车。
> 내 친구는 옷을 잘 입**는다**. 我的朋友很会穿衣服。
> 나는 일요일마다 영화를 보러 **간다**. 我每周末都去看电影。

**2.** 과거 상황에 대해 말할 때는 '는다/ㄴ다', '다' 모두 '았다/었다'로 쓰고 미래·추측 상황에 대해 말할 때는 모두 '겠다', '(으)ㄹ 것이다'로 쓴다.

对过去状况表达时，'는다/ㄴ다'，'다'都用'았다/었다'来使用。表达未来·推测的状况时，都用'겠다'，'(으)ㄹ 것이다'来使用。

> 예 어제는 많이 바**빴다**. 昨天很忙。
> 지난주에 시험을 **봤다**. 上周考试了。
> 어제 밤을 새워서 피곤하**겠다**. 昨天熬夜，很累吧。
> 나는 올해 대학을 졸업할 **것이다**. 我今年将大学毕业。

**3.** '는다/ㄴ다', '다' 앞에 명사가 오면 '(이)다'로 쓴다.

名词位于'는다/ㄴ다'，'다' 前面时，用'(이)다'。

> 예 여기는 우리 학교**다**. 这是我们学校。
> 나는 한국대학교 학생**이다**. 我是韩国大学的学生。

**4.** 불규칙의 경우는 다음과 같다.

不规则变化时如下。

> 예 나는 하숙집에 산다. (살다) 我在寄宿家生活。

| | | |
|---|---|---|
| **는다/ㄴ다2** | | **다2** |

| 동사 | 가다 | 먹다 |
|---|---|---|
| | **간다** | **먹는다** |
| 형용사 | 예쁘다 | 좋다 |
| | **예쁘다** | **좋다** |

**1.** 아주 친한 사이나 아랫사람에게 말할 때 쓴다. 이때 아주 친한 윗사람에게도
사용할 수 있다.
用于非常亲近的人，或下属。此时也可以用于非常亲近的长辈，或上司。

> 에 가 : 너 게임 정말 잘**한다**. 你游戏玩得真好。
> 나 : 하루에도 몇 시간씩 연습했어. 每天都练习好几个小时。
>
> 가 : 오늘 진짜 춥**다**. 今天真冷。
> 나 : 그래서 나도 옷을 많이 입었어. 所以我也穿了很多衣服。
>
> 가 : 언니, 나 먼저 먹**는다**. 姐姐，我先吃了。
> 나 : 그래. 먼저 먹어. 好的。先吃吧。

**2.** 과거 상황에 대해 말할 때는 '는다/ㄴ다', '다' 모두 '았다/었다'로 쓰고 미래·
추측 상황에 대해 말할 때는 모두 '(으)ㄹ 것이다', '겠다'로 쓴다.
对过去状况叙述时，'는다/ㄴ다'，'다'都用'았다/었다'来使用。对未来，推
测状况叙述时，都用'(으)ㄹ 것이다'，'겠다'来使用。

> 에 가 : 나 어제 콘서트 **갔다**. 我昨天去了演唱会。
> 나 : 나도 가고 싶다. 我也想去。
>
> 가 : 나 여행 **갈 거다**. 我将要去旅行。
> 나 : 와, **좋겠다**. 哇，太好了。

**3.** '는다/ㄴ다', '다' 앞에 명사가 오면 '(이)다'로 쓴다.
名词位于'는다/ㄴ다'，'다'前面时，用'(이)다'来使用。

> 에 가 : 너 진짜 좋은 학생**이다**. 你真是个好学生。
> 나 : 고마워. 谢谢。

유리야, 나 먼저 간다.

응, 잘 가.

**더 생각해보기**

**반말 표현** 非敬语语法

| | |
|---|---|
| 아/어1 → 81쪽 참고 | 아/어1 → 参考81页 |
| 아/어2 → 84쪽 참고 | 아/어2 → 参考84页 |
| 자 → 223쪽 참고 | 자 → 参考223页 |
| 니/(으)니? → 62쪽 참고 | 니/(으)니? → 参考62页 |
| 아라/어라 → 86쪽 참고 | 아라/어라 → 参考86页 |
| 는다/다2 → 52쪽 참고 | 는다/다2 → 参考52页 |

ㄱ
ㄴ

ㄷ
ㅁ
ㅂ

ㅅ
ㅇ

ㅈ
ㅊ
ㅎ

| | | | | |
|---|---|---|---|---|
| **는다/ㄴ다3** | | **다3** | | |

| 동사 | 가다 | 먹다 |
|---|---|---|
| | **간다** | **먹는다** |

| 형용사 | 예쁘다 | 좋다 |
|---|---|---|
| | **예쁘다** | **좋다** |

**1.** 어떤 행동이나 사실에 대한 느낌을 혼잣말처럼 말할 때 쓴다.

表示对某种行为，或事实有感触时，自言自语时使用。

> 예 영화가 참 재미있**다**. 电影很有意思。
> 저 사람 진짜 노래 잘**한다**. 那个人唱歌儿唱得真好。

오늘 날씨 진짜 좋다.

# 는다고 하다/ㄴ다고 하다

# 다고 하다

| 동사 | 가다 | 먹다 |
|---|---|---|
| | **간다고 하다** | **먹는다고 하다** |
| 형용사 | 예쁘다 | 좋다 |
| | **예쁘다고 하다** | **좋다고 하다** |

**1.** 어떤 사람이 말한 평서문을 전달할 때 사용한다.

表示在转达某人说的叙述句时使用。

> 예 영호가 지금 편지를 **쓴다고 했어요**. (영호 : "지금 편지를 써요.")
> 荣浩说, 现在正在写信。(荣浩 : "现在在写信。")
> 친구는 자주 한국 음식을 먹**는다고 해요**. (친구 : "자주 한국 음식을 먹어요.")
> 朋友说, 经常吃韩国料理。(朋友 : "经常吃韩国料理。")
> 어머니께서 드라마가 재미있**다고 하셨어요**. (어머니 : "드라마가 재미있어요.")
> 妈妈说, 连续剧很有意思。(妈妈 : "电视剧很有意思。")
> 사람들이 날씨가 아주 따뜻하**다고 하네요**. (사람들 : "날씨가 아주 따뜻해요.")
> 据说, 天气很暖和。(人们说 : "天气很暖和。")

**2.** 말하는 사람 자신이 한 말을 다시 전달할 때도 쓴다.

说话人在重复自己说过的话时使用。

> 예 제가 영호 씨한테 유학 **간다고 했어요**. (나 : "영호 씨, 저 유학 가요.")
> 我对荣浩说, 我要去留学。(我 : "荣浩, 我要去留学。")
> 제가 유리 씨한테 보고 싶**다고 했어요**. (나 : "유리 씨, 보고 싶어요.")
> 我对刘丽说, 我想她。(我 : "刘丽, 我想你。")

**3.** '는다고/ㄴ다고 하다', '다고 하다'의 '하다'를 내용에 따라 '말하다, 전하다, 칭찬하다, 듣다' 등으로 바꿔 쓸 수 있다.

'는다고/ㄴ다고 하다', '다고 하다'의 '하다'根据内容可以换成'말하다, 전하다, 칭찬하다, 듣다' 等, 来使用。

예 뉴스에서 길이 많이 막힌다고 들었어요. (뉴스 : "길이 많이 막힙니다.")
听新闻说，道路很堵。(新闻："道路非常堵。")
영호가 부모님께 잘 지낸다고 말했어요. (영호 : "저는 잘 지내요.")
英浩对父母说，他过得很好。(荣浩："我过得好。")
선생님이 한국어를 잘한다고 칭찬해 주셨어요. (선생님 : "한국어를 잘하네요.")
老师表扬我，韩国语说得很好。(老师："韩国语说得很好啊。")

**4.** 과거 상황에 대해 말할 때는 '았다고/었다고 하다'로 쓰고 미래·추측 상황에
대해 말할 때는 '겠다고 하다', '(으)ㄹ 거라고 하다'로 쓴다.
对过去状况表达时用 '았다고/었다고 하다'，表达未来·推测的情况时用
'겠다고 하다', '(으)ㄹ 거라고 하다'。

예 친구가 편지를 받았다고 했어요. (친구 : "편지를 받았어요.") 朋友说，收到信
了。(朋友："收到信了。")
친구가 주말에 명동에 사람이 많았다고 해요. (친구 : "주말에 명동에 사람이
많았어요.") 朋友说，周末明洞人很多。(朋友："周末明洞人很多。")
제가 올해는 공부를 열심히 하겠다고 했어요. (나 : "공부를 열심히 하겠어요.")
我说，今年我要好好学习。(我："我要好好学习。")
친구가 내년에 고향으로 돌아갈 거라고 해요. (친구 : "내년에 고향으로 돌아갈
거예요.") 朋友说，明年要回家乡。(朋友："明年要会家乡。")

**5.** '는다고/ㄴ다고 하다', '다고 하다' 앞에 명사가 오면 '(이)라고 하다', 부정의
경우는 '이/가 아니라고 하다'로 쓴다.
名词位于'는다고/ㄴ다고 하다', '다고 하다'时，变为'(이)라고 하다'，否
定时用 '이/가 아니라고 하다'来使用。

예 친구가 이게 제 생일 선물이라고 말했어요. (친구 : "이게 네 생일 선물이야.")
朋友说，这是我的生日礼物。(朋友："这是你的生日礼物。")
동생이 받고 싶은 건 휴대폰이라고 했어요. (동생 : "내가 받고 싶은 건 휴대폰
이야.") 弟弟说，想要的是手机。(弟弟："我想要手机。")
친구가 자기 잘못이 아니라고 했어요. (친구 : "내 잘못이 아니에요.") 朋友
说，不是他的错。(朋友："不是我的错。")

**6.** 불규칙의 경우는 다음과 같다.

不规则变化时如下。

> 📵 친구가 생일 파티에 가져갈 케이크를 만든다고 했어요. (만들다) 朋友说，做了带去生日聚会的蛋糕。

친구가 뭐라고 했어요?

주말에 놀러 온다고 했어요.

| | | |
|---|---|---|
| **■ 는데** | | **■ 은데/ㄴ데** |

| 동사 | 가다 | 먹다 |
|---|---|---|
| | 가**는데** | 먹**는데** |
| 형용사 | 예쁘다 | 좋다 |
| | 예**쁜데** | 좋**은데** |

**1.** [A 는데/(으)ㄴ데 B] A는 B의 배경이다. 이때 B에는 A와 관련된 질문이나 A
에 대한 설명, A를 할 때 생길 수 있는 다른 상황이 온다.
[A 는데/(으)ㄴ데 B] 先行句A是后行句B的背景。此时的B是与A有关联
的提问，或是对A的说明，在做A的行为时可能出现别的状况。

> **예** 시장에 가야 하**는데** 같이 갈래요? 我要去市场，一起去吗?
> 명동에 가려고 하**는데** 어떻게 가야 해요? 我想去明洞，怎么去啊?
> 이분이 우리 선생님**인데** 친절하고 예쁘세요. 这位是我们的老师，又亲切又漂亮。
> 저는 기숙사에 사**는데** 아주 가깝고 편해요. 我住在寝室，又近又舒适。
> 밥을 먹**는데** 전화가 왔어요. 在吃饭，来了电话。
> 텔레비전을 보**는데** 친구가 왔어요. 看电视的时候朋友来了。

**2.** [A 는데/(으)ㄴ데 B] A는 B의 강하지 않은 이유이다. 이때 '(으)니까'와 비슷
하므로 명령과 청유를 나타내는 '(으)세요, (으)ㄹ까요?, 는 게 어때요?, (으)
시겠어요?' 등과 자주 쓴다. ('(으)니까' → 131쪽 참고)
[A 는데/(으)ㄴ데 B] 先行句A是后行句B的较弱的理由。这时，与'(으)니까'
类似，与表示命令，请求的'(으)세요, (으)ㄹ까요?, 는 게 어때요?, (으)시
겠어요?'等，一起使用。('(으)니까' → 参考131页)

> **예** 비가 오**는데** 우산을 가지고 **갈까요?** 下雨了，带雨伞走怎么样?
> 시간이 없**는데** 택시를 타**는 게 어때요?** 没有时间，打车怎么样?
> 날씨가 추**운데** 빨리 들어가**세요.** 天气很冷，快点进去吧。

**3.** [A 는데/(으)ㄴ데 B] A와 B가 반대·대조됨을 나타낸다. 이때 '지만'과 비슷하다.
('지만' → 232쪽 참고)
[A 는데/(으)ㄴ데 B] 表示A与B相反·对比。此时，与'지만'类似。
('지만' → 参考 232页)

예 열심히 공부했**는데** 시험을 못 봤어요. 努力学习了，但是考试没考好。

김치를 좋아하**는데** 너무 매워서 잘 못 먹어요. 喜欢吃泡菜，但是太辣了不能吃。

얼굴은 예**쁜데** 성격이 안 좋아요. 长得漂亮，但是性格不好。

## 4. '있다, 없다'는 '는데'를 쓴다.
'있다, 없다'接'는데'来使用。

예 이거 맛있**는데** 한번 먹어 볼래? 这个很好吃，要不要尝尝？

축구는 재미있**는데** 좀 힘들어요. 踢足球很有意思，但是有点累。

## 5. 과거 상황에 대해 말할 때는 동사, 형용사 모두 '았는데/었는데'로 쓰고 미래·추측 상황에 대해 말할 때는 동사, 형용사 모두 '(으)ㄹ 건데'로 쓸 수 있다.
对过去状况叙述时用动词，形容词都用'았는데/었는데'来使用。对未来，推测的状况叙述时动词，形容词，都用'(으)ㄹ 건데'来使用。

예 어제 김치를 먹**었는데** 좀 매웠어요. 昨天吃了泡菜，有点辣。

어렸을 때에는 키가 작**았는데** 지금은 커요. 小的时候个子很矮，现在高了。

주말에 쇼핑하러 **갈 건데** 같이 갈래요? 周末想去购物，要不要一起去啊？

## 6. '는데/(으)ㄴ데' 앞에 명사가 오면 '인데'로 쓴다.
名词位于'는데/(으)ㄴ데'前面时，变为'인데'来使用。

예 저는 외국 사람**인데** 한국어를 잘해요. 我是外国人，但是韩国语说得很好。

여기는 우리 학교**인데** 넓고 깨끗해요. 这里是我们学校，又宽敞又干净。

## 7. 불규칙의 경우는 다음과 같다.
不规则变化如下。

예 지금 외국에 사는데 너무 외로워요. (살다) 现在在外国生活，很寂寞。

우리 집은 가까운데 유리 씨 집은 멀어요. (가깝다) 我们家很近，刘丽的家很远。

시장에 가는데 뭘 사 올까요?

과일을 좀 사 오세요.

## 는지 알다[모르다]

## 은지 알다[모르다]/ㄴ지 알다[모르다]

| 동사 | 가다 | 먹다 |
|------|------|------|
| | 가는지 알다[모르다] | 먹는지 알다[모르다] |
| 형용사 | 비싸다 | 작다 |
| | 비싼지 알다[모르다] | 작은지 알다[모르다] |

**1.** '누구, 무엇, 어디, 어떻게, 왜' 등과 함께 쓰여 어떤 상황에 대해 알거나 모름을 나타낸다.

与'누구, 무엇, 어디, 어떻게, 왜' 等一起使用, 表示知道某种状况, 或不知道某种状况。

> 예 민수 씨가 **어디에 가는지 알아요?** 知道民秀去哪了吗?
>
> 유리 씨가 **왜** 학교에 안 **오는지 알아요?** 知道刘丽为什么没来学校吗?
>
> 부모님께서 **무슨** 음식을 좋아하시**는지 몰라요?** 知道父母喜欢什么料理吗?
>
> 영호 씨가 **왜** 기분이 나쁜**지 모르겠어요.** 不知道荣浩为什么心情不好。

**2.** 과거 상황에 대해 말할 때는 동사, 형용사 모두 과거 '았는지/었는지 알다[모르다]'로 쓴다.

与过去的状态叙述时动词, 形容词都用过去的'았는지/었는지 알다[모르다]'来使用。

> 예 그 사람이 어제 어디에 **갔는지 알아요?** 知道那个人昨天去哪了吗?
>
> 유리 씨가 왜 화가 **났는지 모르겠어요.** 不知道刘丽为什么生气了。

**3.** 불규칙의 경우는 다음과 같다.

不规则变化时如下。

> 📱 유리 씨가 어디에 사는지 알아요? (살다) 知道刘丽住在哪吗?
> 이 음식이 얼마나 매운지 아세요? (맵다) 知道这道菜有多辣吗?

은행이 어디에 있는지 아세요?

아니요, 저도 잘 모르겠어요.

| | | | |
|---|---|---|---|
| **니?** | | **으니?/니?** | |

| 동사 | 가다 | 먹다 |
|---|---|---|
| | 가**니?** | 먹**니?** |
| 형용사 | 싸다 | 좋다 |
| | 싸**니?** | 좋**으니?** |

**1.** 반말의 표현으로 아주 친한 사이나 아랫사람에게 편하게 물어볼 때 쓴다. 이
때 친한 사이라도 상대방이 윗사람일 경우에는 쓸 수 없다.
非敬语形式，用于非常亲近的关系，或下属随意的提问时使用。此时即
使是亲近的关系，对方是长辈时也不可以使用。

> 🔟 유리는 어디 가**니**? 刘丽去哪?
> 무슨 책을 읽**니**? 看什么书?
> 그 옷이 작**으니**? 那件衣服小吗?

**2.** 비슷한 표현으로 '느냐?/(으)냐?'가 있다. 이때 '니?/(으)니?'는 '느냐?/(으)
냐?'보다 부드럽고 여성적인 느낌이다.
类似的语法有，'느냐?/(으)냐?'。这时比'니?/(으)니?'是'느냐?/(으)냐?'
更加委婉，更加女性化。

> 🔟 무슨 영화를 보**니**? 看什么电影啊?
> 무슨 영화를 보**느냐**?
> 기분이 좋**으니**? 心情好吗?
> 기분이 좋**으냐**?

**3.** 일상생활에서는 '니?/(으)니?'는 '니?'로, '느냐?/(으)냐?'는 '냐?'로 말하는 경
우가 많다.
在日常生活中经常把'니?/(으)니?'变为'니?'，'느냐?/(으)냐?'变为'냐?'
来使用。

> 🔟 그 옷이 작(으)**니**? 那件衣服小吗?
> 기분이 좋(으)**니**? 心情好吗?
> 무슨 영화를 보(느)**냐**? 看什么电影啊?

**4.** 과거 상황에 대해 말할 때는 동사, 형용사 모두 '았니?/었니?'로 쓰고 미래·
추측 상황에 대해 말할 때는 '겠니?, (으)ㄹ 거니?'로 쓴다.

表示叙述过去状况时动词，形容词都用'았니?/었니?'，叙述未来·推测
的状况时用'겠니?, (으)ㄹ 거니?'来表达。

> 예 어제 뭐 **했니**? 昨天做什么了?
> 뭘 먹**겠니**? 想吃什么?
> 주말에 뭐 **할 거니**? 周末做什么啊?

**5.** '니?/(으)니?' 앞에 명사가 오면 '(이)니?'로 쓴다.

名词位于'니?/(으)니?'前面时变为'(이)니?'来使用。

> 예 학생**이니**? 是学生吗?
> 여기가 학교**니**? 这里是学校吗?

**6.** 불규칙의 경우는 다음과 같다.

不规则变化如下。

> 예 어디에서 사니? (살다) 在哪里住?
> 오늘 추우니? (춥다) 今天冷吗?
> 오늘 날씨가 어떠니? (어떻다) 今天的天气怎么样?

어디에 가니?

집에 가요.

**더 생각해보기**

**반말 표현 非敬语语法**

| | |
|---|---|
| 아/어1 → 81쪽 참고 | 아/어1 → 参考81页 |
| 아/어2 → 84쪽 참고 | 아/어2 → 参考84页 |
| 자 → 223쪽 참고 | 자 → 参考223页 |
| 니/(으)니? → 62쪽 참고 | 니/(으)니? → 参考62页 |
| 아라/어라 → 86쪽 참고 | 아라/어라 → 参考86页 |
| 는다/다2 → 52쪽 참고 | 는다/다2 → 参考52页 |

# 다가

| 동사 | 보다 | 먹다 |
|---|---|---|
| | 보다가 | 먹다가 |

**1.** [A 다가 B] A가 끝나기 전에 B를 함을 나타낸다.

　　[A 다가 B] 表示先行句A结束之前，做后行句B。

　　예 학교에 가**다가** 친구를 만났어요. 在去学校的路上遇见了朋友。
　　밥을 먹**다가** 전화를 받았어요. 吃饭时接了电话。
　　영화를 보**다가** 울었어요. 看着看着电影就哭了。

**2.** [A 다가 B] A를 하는 중에 좋지 않은 상황 B가 일어남을 나타낸다.

　　[A 다가 B] 在做A的期间，B发生了不好的情况。

　　예 급하게 뛰어가**다가** 넘어졌어요. 跑的太急了，所以跌倒了。
　　밤새 놀**다가** 숙제를 못 했어요. 玩儿了一宿，所以没有写作业。

**3.** [A 다가 B] A와 B의 주어는 같아야 한다.

　　[A 다가 B] A与B的主语要一致。

　　예 (저는) 영화를 보**다가** (저는) 울었어요. (我)看着看着电影，(我)哭了。
　　저는 밥을 먹다가 친구가 전화를 했어요. (×)
　　저는 밥을 먹는데 친구가 전화를 했어요. (○) 我在吃饭，朋友打了电话。

그 영화 다 봤어요?

아니요, 보다가 잤어요.

# 때문에

| 명사 | 친구 | 음식 |
|------|------|------|
|      | 친구 **때문에** | 음식 **때문에** |

**1.** 이유나 원인을 나타낸다.

表示理由和原因。

> 📖 저는 한국에 와서 음식 **때문에** 많이 힘들었어요. 我刚来到韩国时因为饮食吃了很多苦。
>
> 저는 여자 친구 **때문에** 한국어를 공부하게 되었어요. 我因为女朋友学习了韩国语。
>
> 주말에 여행을 가려고 했는데 비 **때문에** 못 갔어요. 周末本来打算去旅行，因为下雨不能去。

**2.** 명령 '(으)세요, (으)십시오', 청유 '(으)ㅂ시다, (으)ㄹ까요?' 등과 함께 쓰지 않는다. 명령이나 청유 문장의 경우는 '(으)니까'와 주로 쓴다. ('(으)니까' → 131쪽 참고)

不与命令'(으)세요, (으)십시오', 劝诱'(으)ㅂ시다, (으)ㄹ까요?'一起使用。命令，或劝诱的情况下常用 '(으)니까'。 ('(으)니까' → 参考 131页)

> 📖 비 때문에 가지 마세요. (×)
>
> 비가 **오니까** 가지 마세요. (○) 下雨了，所以请不要去了。
>
> 비 때문에 가지 맙시다. (×)
>
> 비가 **오니까** 가지 맙시다. (○) 下雨了，我们不要去了吧。
>
> 비 때문에 가지 말까요? (×)
>
> 비가 **오니까** 가지 말까요? (○) 下雨了，不去怎么样？

오늘 왜 늦게 왔어요?

교통사고 때문에 길이 막혀서 늦었어요.

**더 생각해보기**

'때문에'와 '(이)기 때문에'의 차이 ('기 때문에' → 19쪽 참고)
'때문에'与 '(이)기 때문에' 的区别 ('기 때문에' → 参考19页)

'때문에'와 '(이)기 때문에'는 모두 이유를 나타낸다. 이때 이유를 나타내는 부분이
'(명사)+이다'일 경우에는 '(이)기 때문에'를 쓰고 그렇지 않을 때는 '때문에'를 쓴다.
'때문에'与 '(이)기 때문에'都表示理由。这时表示理由的部分为'(名词)+이다'
的情况下用'(이)기 때문에'其他则用'때문에'来表达。

📷 방학이기 때문에 수업이 없어요. (지금은 방학이에요. 수업이 없어요.) 因为
放假所以没有课。(现在是放假。没有课。)
방학 때문에 수업이 없어요. (×)

눈 때문에 길이 막혀요. (눈이 왔어요. 길이 막혀요.) 因为下雪所以路很堵。
(下雪了。路堵。)
눈이기 때문에 길이 막혀요. (×)

# 도

| 명사 | 친구 | 선생님 |
|------|------|--------|
|      | 친구**도** | 선생님**도** |

**1.** 무엇을 더하거나 앞에서 말한 것과 같음을 나타낸다.

表示附加，或和前面叙述的内容相同。

> 예 가 : 저는 야구를 좋아해요. 유리 씨는요? 我喜欢棒球。刘丽呢?
> 나 : 저**도** 야구를 좋아해요. 我也喜欢棒球。
>
> 가 : 이제 그만 갈게요. 我要走了。
> 나 : 저**도** 같이 가요. 我也一起走。

**2.** '에, 에서' 등과 함께 쓸 수 있다.

与'에, 에서'一起使用。

> 예 저는 부산**에도** 가 봤어요. 我去过釜山。
> 집**에서도** 한국말을 연습해요. 在家里也练习韩国语。

저는 비빔밥을 먹을래요. 유리 씨는요?

저도요.

# 마다

| 명사 | 학교 | 날 |
|---|---|---|
| | 학교마다 | 날마다 |

**1.** 함께 쓰인 명사의 각각을 나타낸다.

表示体现名词的个体。

> 📋 교실**마다** 컴퓨터가 한 대씩 있어요. 每个教室都有一台电脑。
> 사람**마다** 성격이 다 달라요. 每个人的性格都不一样。

**2.** 시간과 같이 쓰여 그 시간에 어떤 일이 계속해서 다시 일어남을 나타낸다.

与时间名词一起使用，表示在某时间里反复发生某事。

> 📋 이 약을 세 시간**마다** 드세요. 请每3个小时吃一次这个药。
> 밤**마다** 고양이가 울어요. 每天晚上猫都在叫。
> 저는 날**마다** 도서관에 가요. 我每天去图书馆。

주말에 보통 뭐 해요?

주말마다 도서관에 가요.

# 만1

| 명사 | 친구 | 학생 |
|------|------|------|
|      | 친구만 | 학생만 |

**1.** 다른 것이 아닌 그것 하나에 대해서 말할 때 쓴다.

表示针对叙述一件事时使用。

> 예 저는 과일 중에서 사과**만** 좋아해요. 水果中我只喜欢苹果。
> 유리 씨**만** 오늘 학교에 안 왔어요. 只有刘丽没来学校。

**2.** '에, 에서' 등과 함께 쓸 수 있다.

可以与'에, 에서'等 一起使用。

> 예 이 가게는 저녁**에만** 문을 열어요. 这家店只有晚上才开门。
> 돌하르방은 제주도**에서만** 볼 수 있어요. 石哈尔帮(一种济州产石雕)只有在济州岛才能看见。

**3.** '만+(긍정)'은 '밖에+(부정)'과 바꿔 쓸 수 있다. ('밖에' → 73쪽 참고)

'만+(肯定)'与'밖에+(否定)'可以互换使用。('밖에' → 参考73页)

> 예 교실에 영호 씨**만** 있어요. 教室里只有荣浩。
> 교실에 영호 씨**밖에** 없어요.
>
> 오늘 빵**만** 먹었어요. 今天只吃了面包。
> 오늘 빵**밖에** 안 먹었어요.

학생들이 다 왔어요?

민수 씨만 안 오고 다 왔어요.

# 만2

| 명사 | 하나 | 천 원 |
|------|------|-------|
|      | 하나**만** | 천 원**만** |

**1.** 수량과 함께 쓰여 그것이 가장 적음을 나타낸다.

与数量名词一起使用，表示仅仅(数量极少)。

> 🔤 하나**만** 먹어 보세요. 就尝一个吧。
> 천 원**만** 주세요. 就给一千韩元吧。
> 맥주 한 잔**만** 합시다. 就喝一杯啤酒吧。

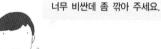

너무 비싼데 좀 깎아 주세요.

그럼 천 원만 주세요.

# 못

| 동사 | 가다 | 먹다 |
|---|---|---|
| | **못** 가다 | **못** 먹다 |

**1.** 능력이 안 되거나 다른 이유 때문에 그 일을 할 수 없음을 나타낸다.
表示能力不足，或是因为其他原因不能做某事。

> 예 저는 피아노를 **못** 쳐요. 我不会弹钢琴。
> 어제 커피를 마셔서 잠을 **못** 잤어요. 昨天喝了咖啡，没有睡着觉。
> 감기에 걸려서 학교에 **못** 갔어요. 感冒了，不能去学校。

**2.** '청소하다, 전화하다, 숙제하다, 공부하다, 일하다, 운동하다' 등 '(명사)하다'
동사의 경우는 '명사(을/를) 못 하다'로 쓴다.
与'청소하다, 전화하다, 숙제하다, 공부하다, 일하다, 운동하다'等'(名词)
하다'使用时，用'名词(을/를) 못 하다'。

> 예 너무 바빠서 친구에게 전화(를) **못** 했어요. 太忙了，没能给朋友打电话。
> 시간이 없어서 청소(를) **못** 했어요. 没有时间，没能打扫。

**3.** 비슷한 표현으로 '지 못하다, (으)ㄹ 수 없다'가 있다. ('지 못하다' → 228쪽
참고, '(으)ㄹ 수 있다[없다]' → 186쪽 참고)
类似的语法有'지 못하다, (으)ㄹ 수 없다'。('지 못하다' → 参考228页，
'(으)ㄹ 수 있다[없다]' → 参考186页)

> 예 아파서 회사에 **못** 갔어요. 因为生病了，没能去公司。
> 아파서 회사에 가**지 못했어요**.
> 아파서 회사에 갈 **수 없었어요**.
>
> 너무 매워서 **못** 먹었어요. 太辣了，不能吃。
> 너무 매워서 먹**지 못했어요**.
> 너무 매워서 먹**을 수 없었어요**.

민수 씨 생일 선물을 샀어요?

아니요, 아직 못 샀어요.

---

**더 생각해보기**

'못'과 '안'의 차이 ('안' → 109쪽 참고)
'못'与 '안'的区别 ('안' → 参考109页)

'안'은 말하는 사람이 그 일을 할 생각이 없음을 나타내는 반면, '못'의 경우는 말하는 사람이 하려고 하나 마음대로 되지 않거나 할 수 없음을 나타낸다.
'안'表示某人不想做某事，'못'表示说话人想做，但没有能力做某事。

**예** 그 옷이 예쁘지 않아서 안 샀다. (옷을 살 생각이 없음) 这件衣服不好看，没买。(不想买衣服)
그 옷을 사고 싶었지만 너무 비싸서 못 샀다. (사고 싶지만 살 수 없음) 想买这件衣服，但是太贵了不能买。(想买但是没有能力买)

# 밖에

| 명사 | 우유 | 물 |
|------|------|-----|
|      | 우유밖에 | 물밖에 |

**1.** 다른 것이 아닌 그것 하나에 대해서 말할 때 쓴다. 이때 뒤에 부정형 '안, 못, 없다' 등이 온다.

表示叙述一件事实时使用。此时后面的否定接'안, 못, 없다'等。

> 📖 저는 술을 한 잔**밖에 못** 마셔요. 我只能喝一杯酒。
> 저는 그 사람 전화번호**밖에 몰라요.** 我只知道那个人的电话号码。
> 남은 시간이 5분**밖에 없어요.** 剩下的时间只有5分钟。

**2.** '밖에+(부정)'은 '만+(긍정)'과 바꿔 쓸 수 있다. ('만1' → 69쪽 참고)

'밖에+(否定)'可以与'만+(肯定)'替换使用。('만1' → 参考69页)

> 📖 교실에 영호 씨**밖에 없어요.** 教室里(没有别人)只有荣浩。
> 교실에 영호 씨**만 있어요.**
>
> 오늘 빵**밖에 안** 먹었어요. 今天(没吃别的)只吃了面包。
> 오늘 빵**만 먹었어요.**

유리 씨, 돈 좀 빌려줄 수 있어요?

미안해요. 저도 오천 원밖에 없어요.

# 보다

| 명사 | 친구 | 가족 |
|------|------|------|
|      | 친구**보다** | 가족**보다** |

**1.** 비교의 기준을 나타낸다.

表示比较的基准。

> 예 영호 씨가 저**보다** 키가 커요. 荣浩比我个子高。
>
> 저는 사과**보다** 바나나가 좋아요. 比起苹果，我更喜欢香蕉。
>
> 이 책이 저 책**보다** 어려워요. 这本书比那本书难。

**2.** 뒤에 동사가 올 때는 '더, 많이, 조금, 빨리' 등과 함께 쓴다.

后接动词时，常与'더, 많이, 조금, 빨리'等一起使用。

> 예 제가 영호 씨**보다** 축구를 **더** 잘해요. 我比荣浩的足球踢得好。
>
> 동생이 형**보다 많이** 먹어요. 弟弟比哥哥吃得多。

커피 좋아해요?

커피보다 차를 더 좋아해요.

# 부터1

| 명사 | 어제 | 오늘 |
|------|------|------|
|      | 어제**부터** | 오늘**부터** |

**1.** 시간이나 장소의 시작을 나타낸다.

表示时间或场所的开始(起点)。

> 예 수업은 9시**부터** 시작됩니다. 9点开始上课。
>
> 3층**부터** 한국어 교실이에요. 3楼开始是韩国语教室。

**2.** 시간이나 장소의 끝을 나타내는 '까지'와 함께 써서 어떤 일이 시작되고 끝나는 때를 나타낸다. ('까지' → 27쪽 참고)

在表示时间，或场所的终止时，与'까지'一起使用，表示状况的开始到结束。
('까지' → 参考27页)

> 예 9시**부터** 11시**까지** 회의를 했습니다. 从9点到11点开了会。
>
> 여기**부터** 저기**까지** 청소하세요. 请从这里打扫到那里。

방학이 언제예요?

다음 주부터 방학이에요.

# 부터2

| 명사 | 청소 | 선생님 |
|------|------|--------|
|      | 청소**부터** | 선생님**부터** |

**1.** 어떤 일을 먼저 함을 나타낸다.

表示先做的某事。

> 예 밥**부터** 먹고 일합시다. 先吃饭再做事吧。
> 부엌**부터** 청소했어요. 从厨房开始打扫的。
> 뭐**부터** 시작할까요? 先开始什么啊?

누가 먼저 발표할래요?

저부터 하겠습니다.

# 습니까?/ㅂ니까?

| 동사/형용사 | 가다 | 먹다 | 비싸다 | 작다 |
|---|---|---|---|---|
| | 갑니까? | 먹습니까? | 비쌉니까? | 작습니까? |

**1.** 현재 상황에 대해 공식적으로 질문할 때 쓴다.

表示对现在的状况正式的提问时使用。

> 예 오늘 학교에 **갑니까**? 今天去学校吗?
>
> 지금 친구를 만**납니까**? 现在见朋友吗?
>
> 한국 음식을 잘 먹**습니까**? 能吃韩国料理吗?
>
> 날씨가 좋**습니까**? 天气好吗?
>
> 교실이 작**습니까**? 教室小吗?

**2.** 과거 '았/었', 미래 · 추측 '겠', '(으)ㄹ 것이다' 등과 함께 쓸 수 있다.

('았/었' → 111쪽, '겠2' → 8쪽, '(으)ㄹ 거예요1' → 175쪽 참고)

可以与表示过去的'았/었', 未来 · 推测的'겠', '(으)ㄹ 것이다'等一起使用。

('았/었' → 参考111页, '겠2' → 参考8页, '(으)ㄹ 거예요1' → 参考175页)

> 예 어제 친구를 만**났습니까**? 昨天见朋友了吗?
>
> 내일 회의에 오시**겠습니까**? 明天开会, 来吗?
>
> 언제 한국에 오실 **겁니까**? 什么时候来韩国?

**3.** '습니까?/ㅂ니까?' 앞에 명사가 오면 '입니까?'로 쓴다. ('입니까?' → 222쪽 참고)

名词位于'습니까?/ㅂ니까?'前面时, 用'입니까?'。 ('입니까?' → 参考222页)

> 예 저 사람이 유리 씨**입니까**? 那个人是刘丽吗?
>
> 영호 씨는 회사원**입니까**? 荣浩是公司职员吗?

**4.** 불규칙의 경우는 다음과 같다.

不規則変化时如下。

> 예 어디에 삽니까? (살다) 住在哪里?

무엇을 합니까?

책을 읽습니다.

# 습니다/ㅂ니다

| 동사/형용사 | 가다 | 먹다 | 비싸다 | 작다 |
|---|---|---|---|---|
| | 갑니다 | 먹습니다 | 비쌉니다 | 작습니다 |

**1.** 현재 상황에 대해 공식적으로 쓰는 평서문이다.

表示对现在状况正式的叙述时使用。

> 예 저는 지금 회사에 **갑니다**. 现在去公司。
> 동생이 밥을 먹**습니다**. 弟弟在吃饭。
> 이 가방은 아주 비**쌉니다**. 这个包很贵。
> 교실이 작**습니다**. 教室很小。

**2.** 과거 '았/었', 미래·추측 '겠', '(으)ㄹ 것이다' 등과 함께 쓸 수 있다.

('았/었' → 111쪽, '겠1·2' → 6·8쪽, '(으)ㄹ 거예요1·2' → 175·177쪽 참고)

可以与表示过去的'았/었', 未来·推测的'겠', '(으)ㄹ 것이다'等一起使用。

('았/었' → 参考111页, '겠1·2' → 参考6·8页, '(으)ㄹ 거예요1·2' → 参考175·177页)

> 예 어제 친구를 만**났습니다**. 昨天见了朋友。
> 내일 날씨가 맑**겠습니다**. 明天的天气将会晴。
> 내년에는 대학에 입학**할 겁니다**. 明年将进入大学。

**3.** '습니다/ㅂ니다' 앞에 명사가 오면 '입니다'로 쓴다. ('입니다' → 221쪽 참고)

名词位于'습니다/ㅂ니다'前面时, 用'입니다'。 ('입니다' → 参考221页)

> 예 저 사람이 유리 씨**입니다**. 那个人是刘丽。
> 영호 씨는 회사원**입니다**. 荣浩是公司职员。

**4.** 불규칙의 경우는 다음과 같다.

不规则变化时如下。

예 집이 멉니다. (멀다) 家很远。

회의를 언제 시작합니까?

3시에 시작합니다.

# 아/어1

| 동사/형용사 | 가다 | 먹다 | 하다 | 비싸다 | 적다 | 피곤하다 |
|---|---|---|---|---|---|---|
| | 가 | 먹어 | 해 | 비싸 | 적어 | 피곤해 |

**1.** '아요/어요1'의 반말 표현으로 아주 친한 사이나 아랫사람에게 현재 상황에 대해 서술하거나 질문할 때 쓴다. 이때 아주 친한 윗사람에게도 사용할 수 있다. ('아요/어요1' → 104쪽 참고)
是'아요/어요1'的非敬语形式, 与非常亲近的人, 或下属说话时使用。在叙述现在情况, 或提问时使用。此时可以用在非常亲近的长辈或上司。('아요/어요1' → 参考104页)

> 例 가 : 지금 뭐 **해**? 现在在干什么?
> 　　나 : 공부하고 있**어**. 在学习。
>
> 　　가 : 무슨 운동을 좋아**해**? 喜欢什么运动?
> 　　나 : 축구를 좋아**해**. 喜欢足球。
>
> 　　가 : 언니, 오늘 뭐 **해**? 姐姐, 今天做什么?
> 　　나 : 친구 만**나**. 见朋友。

**2.** 과거 '았/었', 미래・추측 '겠'과 함께 쓸 수 있다. 미래・추측 '(으)ㄹ 것이다'와 결합할 때는 '(으)ㄹ 거야' 형태로 쓴다. ('았/었' → 111쪽, '(으)ㄹ 거예요1・2' → 175・177쪽 참고)
与过去的 '았/었', 未来・推测的'겠'等一起使用。与未来・推测'(으)ㄹ 것이다'连接时, 变为'(으)ㄹ 거야' 的形式来使用。('았/었' → 111页, '(으)ㄹ 거예요1・2' → 参考175・177页)

> 例 가 : 어제 뭐 **했어**? 昨天做什么了?
> 　　나 : 친구를 만**났어**. 见朋友了。
>
> 　　가 : 내일 뭐 **할 거야**? 明天要做什么?
> 　　나 : 영화를 **볼 거야**. 看电影。

**3.** 말하는 사람은 '나', 듣는 사람은 '너'로 쓴다. 이때 '나', '너'는 생략할 수 있다.

说话的人用 '나', 听话的人用 '너'来使用。此时，可以省略'나', '너'。

> 예 가 : (너는) 점심에 뭐 먹었어? (你)中午吃什么了?
> 나 : (나는) 냉면을 먹었어. (我)吃冷面了。

**4.** '네'는 '응', '아니요'는 '아니'로 쓴다.

'네'用 '응', '아니요'用 '아니' 来表达。

> 예 가 : 유리는 집에 갔어? 刘丽回家了吗?
> 나 : **응**, 아까 갔어. 嗯, 刚才回去了。
>
> 가 : 숙제 했어? 写作业了吗?
> 나 : **아니**, 아직 안 했어. 没有, 还没写。

**5.** 사람을 부를 때 사용하는 '~씨'의 경우 '아/야'로 쓴다.

在叫人名时使用的'~씨'的情况下，改为'아/야'来使用。

> 예 유리**야**, 어디 가? 刘丽呀, 去哪?
> 수정**아**, 피곤해? 秀珍啊, 累吗?

**6.** '아/어' 앞에 명사가 오면 '이야/야'로 쓴다.

名词位于 '아/어'前面时，用'이야/야'。

> 예 가 : 저 사람이 민수 씨 동생**이야**? 那个人是民秀的弟弟吗?
> 나 : 응, 맞아. 嗯, 是的。
>
> 가 : 생일이 언제**야**? 生日是什么时候?
> 나 : 3월 5일**이야**. 3月5号。

**7.** 불규칙의 경우는 다음과 같다.

不规则变化如下。

> 예 무슨 음악 들어? (듣다) 听什么音乐?
> 오늘 날씨가 추워. (춥다) 今天天气冷。
> 머리가 아파. (아프다) 头疼。
> 언니와 나는 성격이 달라. (다르다) 姐姐和我性格不同。

지금 뭐 해?

공부해.

**더 생각해보기**

**반말 표현** 非敬语语法

| | |
|---|---|
| 아/어1 → 81쪽 참고 | 아/어1 → 参考81页 |
| 아/어2 → 84쪽 참고 | 아/어2 → 参考84页 |
| 자 → 223쪽 참고 | 자 → 参考223页 |
| 니/(으)니? → 62쪽 참고 | 니/(으)니? → 参考62页 |
| 아라/어라 → 86쪽 참고 | 아라/어라 → 参考86页 |
| 는다/다2 → 52쪽 참고 | 는다/다2 → 参考52页 |

ㄱ ㄴ

ㄷ ㅁ
ㅂ

ㅅ
ㅇ

ㅈ ㅊ
ㅎ

# 아/어2

| 동사 | 가다 | 먹다 | 하다 |
|------|------|------|------|
|      | **가** | **먹어** | **해** |

1. 명령 '(으)세요1'의 반말 표현으로 아주 친한 사이나 아랫사람에게 명령할 때 쓴다. 아주 친한 윗사람에게도 사용할 수 있다. ('(으)세요1' → 153쪽 참고)
   命令'(으)세요1'的非敬语形式，用于非常亲近人，或下属时使用。此时可以用在非常亲近的上司，或长辈。('(으)세요1' → 参考153页)

   > 예 늦었으니까 빨리 집에 **가**. 时间不早了，快点回家吧。
   > 감기에 걸렸을 때는 물을 많이 **마셔**. 感冒的时候要多喝水。
   > 언니, 빨리 **와**. 姐姐，快点儿来。

2. 금지의 표현으로 '지 마'를 쓴다.
   表示禁止时用'지 마'。

   > 예 위험하니까 만지**지 마**. 很危险，不要摸。
   > 도서관에서 큰 소리로 말하**지 마**. 不要在图书馆大声讲话。

3. 불규칙의 경우는 다음과 같다.
   不规则变化如下。

   > 예 조금만 더 걸어. (걷다) 再走一会儿。
   > 내 말 좀 들어. (듣다) 听我的话。
   > 빨리 써. (쓰다) 快点儿写。

늦었으니까 빨리 와.

알겠어. 바로 갈게.

**더 생각해보기**

반말 표현 非敬语语法

아/어1 → 81쪽 참고
아/어2 → 84쪽 참고
자 → 223쪽 참고
니/(으)니? → 62쪽 참고
아라/어라 → 86쪽 참고
는다/다2 → 52쪽 참고

아/어1 → 参考81页
아/어2 → 参考84页
자 → 参考223页
니/(으)니? → 参考62页
아라/어라 → 参考86页
는다/다2 → 参考52页

ㄱ ㄴ
ㄷ ㅁ ㅂ
ㅅ ㅇ
ㅈ ㅊ ㅎ

## 아라/어라

| 동사 | 가다 | 먹다 | 하다 |
|------|------|------|------|
|      | **가라** | **먹어라** | **해라** |

**1.** 명령('(으)십시오')의 반말 표현으로 아주 친한 사이나 아랫사람에게 명령할 때 쓴다. 이때 친한 사이라도 상대방이 윗사람일 경우에는 쓸 수 없다. ('(으)십시오' → 159쪽 참고)

非敬语形式，对非常亲近的关系，或属下命令时使用。此时即使是亲近的关系，对方是长辈时不可以使用。('(으)십시오' → 参考159页)

> 예 어서 **가라**. 快走吧。
> 빨리 **먹어라**. 快吃吧。
> 방 좀 청소**해라**. 打扫打扫房间吧。

**2.** 금지의 표현으로 '지 마라'를 쓴다.

表示禁止时用'지 마라'。

> 예 동생 때리**지 마라**. 不要打弟弟。
> 친구와 싸우**지 마라**. 不要和朋友打架。

**3.** 불규칙의 경우는 다음과 같다.

不规则变化如下。

> 예 엄마 말 좀 들어라. (듣다) 听妈妈的话。
> 예쁘게 좀 써라. (쓰다) 写的端正一些。
> 빨리 좀 골라라. (고르다) 快点挑吧。

공부 좀 해라.

응, 알겠어.

**더 생각해보기**

**반말 표현** 非敬语语法

| | |
|---|---|
| 아/어1 → 81쪽 참고 | 아/어1 → 参考81页 |
| 아/어2 → 84쪽 참고 | 아/어2 → 参考84页 |
| 자 → 223쪽 참고 | 자 → 参考223页 |
| 니/(으)니? → 62쪽 참고 | 니/(으)니? → 参考62页 |
| 아라/어라 → 86쪽 참고 | 아라/어라 → 参考86页 |
| 는다/다2 → 52쪽 참고 | 는다/다2 → 参考52页 |

ㄱ ㄴ

ㄷ ㅁ ㅂ

ㅅ ㅇ

ㅈ ㅊ ㅎ

# 아 보다/어 보다

| 동사 | 가다 | 먹다 | 하다 |
|---|---|---|---|
| | 가 보다 | 먹어 보다 | 해 보다 |

**1.** 어떤 일을 한번 시도하거나 그 일에 대한 경험이 있음을 나타낸다.

表示试图做某事，或对某事有经验时使用。

> 예 한번 입어 보고 싶어요. 想穿一下试试。
> 그 남자를 한번 만나 볼게요. 见一下那个男的看看。
> 이 일을 한번 해 보세요. 试试做这件事情。
> 제주도에 가 봤어요. 去过济州岛。

**2.** 어떤 일에 대한 시도를 권유할 때는 '아/어 보세요'로 자주 쓴다.

对劝诱尝试做某事时用'아/어 보세요'来表示。

> 예 이 음식을 한번 먹어 보세요. 尝尝这个料理吧。
> 빨간색 구두를 한번 신어 보세요. 试试这双红皮鞋吧。

**3.** '(으)ㄴ 적이 있다[없다]'와 함께 써서 '아/어 본 적이 있다[없다]'로 자주 쓴다.
('(으)ㄴ 적이 있다[없다]' → 165쪽 참고)

与'(으)ㄴ 적이 있다[없다]'一起使用，变为'아/어 본 적이 있다[없다]'。
('(으)ㄴ 적이 있다[없다]' → 参考165页)

> 예 김치를 먹어 본 적이 있어요? 吃过泡菜吗？
> 피아노를 배워 본 적이 있어요? 学过钢琴吗？
> 배를 타 본 적이 없어요. 没坐过船。

**4.** 불규칙의 경우는 다음과 같다.

不规则变化如下。

> 예 이 컴퓨터를 써 봤어요? (쓰다) 用过这个电脑吗？
> 그 가수의 노래를 들어 봤어요? (듣다) 听过这位歌手的歌吗？

제주도에 가 봤어요?

네, 작년에 가 봤어요.

**더 생각해보기**

'아/어 보다'와 '(으)ㄴ 적이 있다[없다]'의 차이
('(으)ㄴ 적이 있다[없다]' → 165쪽 참고)
'아/어 보다'与 '(으)ㄴ 적이 있다[없다]'的区别
('(으)ㄴ 적이 있다[없다]' → 参考165页)

1) 경험의 '아/어 보다'는 '(으)ㄴ 적이 있다[없다]'와 바꿔 쓸 수 있다.
　　表示经验的 '아/어 보다'可以与 '(으)ㄴ 적이 있다[없다]'替换使用。

　　例　제주도에 간 적이 있어요. (경험) 去过济州岛。(经验)
　　　　제주도에 가 봤어요. (경험)

2) 가까운 과거의 경험일 경우에는 '아/어 보다'만 쓴다.
　　对近距离的过去经验的情况下只能用 '아/어 보다'来使用。

　　例　어제 한복을 입어 봤어요. (○) 昨天穿过了韩服。
　　　　어제 한복을 입은 적이 있어요. (×)
　　　　지난주에 한국 음식을 먹어 봤어요. (○) 上周吃过了韩国料理。
　　　　지난주에 한국 음식을 먹은 적이 있어요. (×)

# 아 보이다/어 보이다

| 형용사 | 비싸다 | 넓다 | 따뜻하다 |
|---|---|---|---|
| | 비싸 보이다 | 넓어 보이다 | 따뜻해 보이다 |

**1.** 어떤 것을 봤을 때 그에 대한 생각이나 느낌을 나타낸다.

表示对看到某事的想法和感触。

> 예 시계가 비**싸 보여요**. 手表看起来很贵。
> 유리 씨가 기분이 좋**아 보여요**. 刘丽看起来心情很好。
> 오늘 좀 피곤**해 보여요**. 今天看起来有点儿累。

**2.** 불규칙의 경우는 다음과 같다.

不规则变化如下。

> 예 영호 씨가 기분이 나빠 보여요. (나쁘다) 荣浩看起来心情不好。
> 안경을 쓰니까 얼굴이 좀 달라 보여요. (다르다) 戴上眼镜脸看起来有些不一样。
> 파마를 하니까 귀여워 보여요. (귀엽다) 烫了头发看起来很可爱。

이 영화가 재미있어 보여요.

그럼 주말에 같이 보러 가요.

# 아 있다/어 있다

| 동사 | 가다 | 붙다 | 입원하다 |
|------|------|------|---------|
|      | **가 있다** | **붙어 있다** | **입원해 있다** |

**1.** 어떤 일이 끝나고 나서 그 끝난 상태가 계속됨을 나타낸다.

表示某事结束后状态的持续。

> 예 유리 씨는 지금 고향에 **가 있어요.** 刘丽现在回了家乡。
> 영호 씨는 일주일 전부터 병원에 입원**해 있어요.** 荣浩一周前开始一直在住院。
> 종이에 유리 씨 연락처가 쓰**여 있어요.** 纸上记着刘丽的电话号码。

**2.** '앉다, 서다, 눕다, 붙다', '놓이다, 열리다, 닫히다, 쓰이다, 걸리다', '켜지다, 꺼지다' 등과 자주 쓴다.

'앉다, 서다, 눕다, 붙다', '놓이다, 열리다, 닫히다, 쓰이다, 걸리다', '켜지다, 꺼지다'等经常一起使用。

> 예 학생들이 자리에 앉**아 있어요.** 学生们坐在位置上。
> 책상에 가방이 놓**여 있어요.** 书桌上放着书包。
> 창문이 열**려 있었어요.** 窗被开着。
> 불이 켜**져 있었어요.** 灯被开着。

**3.** 행동하는 사람이 윗사람인 경우에는 '아/어 계시다'로 쓴다.

发出动作的人为长辈，或上司时用'아/어 계시다'。

> 예 할아버지께서 의자에 앉**아 계세요.** 爷爷坐在椅子上。
> 저기 **서 계신** 분이 우리 선생님이에요. 那边站着的那位是我们老师。

저기 문 옆에 서 있는 사람이 누구예요?

제 친구 민수 씨예요.

**더 생각해보기**

'아/어 있다'와 '고 있다'의 차이 ('고 있다' → 15쪽 참고)

'고 있다'与 '아/어 있다' 的区別 ('고 있다' → 参考15页)

1) '고 있다'는 지금 하는 행동을 나타내고 '아/어 있다'는 어떤 상태가 계속되는 것을 나타낸다.

'고 있다'表示现在在做的行动，'아/어 있다'表示状态的持续。

> **예** 영호 씨가 지금 집에 가고 있어요. (영호가 집에 가는 중임) 荣浩现在正在回家。(荣浩在回家的路上)
>
> 영호 씨가 지금 집에 가 있어요. (영호가 집에 있음) 荣浩现在在家里。(荣浩在家里)

2) '입다, 쓰다, 신다' 등은 '고 있다'와 함께 써서 어떤 상태가 계속되는 것을 나타내기도 한다. 따라서 이와 같은 뜻을 나타낼 때는 '아/어 있다' 대신 '고 있다'를 쓴다.

'입다, 쓰다, 신다'等，与 '고 있다'一起使用，表示状态的持续。代替'아/어 있다'，使用'고 있다'。

> **예** 내 친구는 예쁜 치마를 입고 있어요. (○) 我的朋友穿着漂亮的裙子。
>
> 내 친구는 예쁜 치마를 입어 있어요. (×)

3) '서다, 앉다' 등은 '고 있다'를 쓰면 그 행동이 일어나는 것을 의미한다. 따라서 이미 그 행동이 끝난 후 지속되는 경우는 '아/어 있다'를 쓴다.

'서다, 앉다'等，与 '고 있다'一起使用，表示动作的开始，所以在表示动作结束后状态的持续时，用'아/어 있다'。

> **예** 저는 의자에 앉아 있어요. (앉아 있음) 我坐在椅子上。(坐在椅子上的状态)
>
> 저는 의자에 앉고 있어요. (앉는 중) 我正往椅子上坐。(正往椅子上坐的动作)

# 아 주다/어 주다

| 동사 | 사다 | 만들다 | 하다 |
|------|------|--------|------|
|      | 사 주다 | 만들어 주다 | 해 주다 |

**1.** 다른 사람을 위해 어떤 일을 함을 나타낸다.

表示为了他人做某事时使用。

> 예 아이에게 인형을 **사 주었어요.** 给孩子买了玩偶。
> 유리 씨에게 케이크를 만들어 **주었어요.** 给刘丽做了蛋糕。
> 동생에게 책을 선물해 **주었어요.** 送给弟弟书做礼物。

**2.** 어떤 일을 부탁하거나 부드럽게 명령할 때 '아/어 주세요'로 쓴다.

('아/어 주세요' → 94쪽 참고)

在委婉的拜托，或命令某事时用，'아/어 주세요'。

('아/어 주세요' → 参考94页)

> 예 한국 음식을 한번 만들어 **주세요.** 请(为我)做一次韩国料理。
> 잠깐만 기다려 **주세요.** 请稍等一会儿。

**3.** 윗사람을 위해서 그 일을 할 때는 '아/어 드리다'로 쓴다.

为上司，或长辈做某事时用'아/어 드리다'。

> 예 할아버지께 선물을 **사 드렸어요.** 给爷爷买了礼物。
> 제가 한국 음식을 만들어 **드릴까요?** 我来做韩国料理吧?

아이에게 책을 읽어 줬어요.

아이가 정말 좋아했겠네요.

ㄱ ㄴ
ㄷ ㄹ ㅁ ㅂ
ㅅ ㅇ
ㅈ ㅊ ㅎ

## 아 주세요/어 주세요

| 동사 | 사다 | 읽다 | 하다 |
|---|---|---|---|
| | 사 주세요 | 읽어 주세요 | 해 주세요 |

**1.** 어떤 일을 부탁하거나 부드럽게 명령할 때 쓴다.

在拜托某事或委婉的命令某事时使用。

예 여기에서 잠깐 기다**려 주세요.** 请在这里稍等一会儿。
집에 도착하면 영호 씨에게 전화**해 주세요.** 到家以后请给荣浩打电话。
아이에게 책을 좀 읽**어 주세요.** 请给孩子念书。

**2.** 문장 안에 '(누구)에게'가 없으면 말하는 사람 자신을 위해 어떤 행동을 부탁하는 것이다.

如果在文章中没有'(누구)에게'则表示说话人拜托他人为自己做某事。

예 집에 도착하면 (저에게) 전화**해 주세요.** 到家的话请(给我)打电话。

**3.** 윗사람을 위해 부탁하거나 명령할 때는 '아/어 드리세요'를 쓴다.

为了需要尊敬的人，或上司拜托，命令做某事时用'아/어 드리세요'。

예 부모님께 좋은 선물을 **사 드리세요.** 请给父母买好的礼物。

**4.** 불규칙의 경우는 다음과 같다.

不规则变化时如下。

예 제 말 먼저 들어 주세요. (듣다) 请先听我说。
칠판에 크게 써 주세요. (쓰다) 请在黑板上大点儿写。
국을 좀 저어 주세요. (젓다) 请搅拌一下汤。
책 좀 골라 주세요. (고르다) 请帮我选一下书。
저 좀 도와주세요. (돕다) 请帮帮我。

한 시간 후에 전화해 주세요.

네, 알겠어요.

**더 생각해보기**

'아/어 주세요'와 '(으)세요1'의 차이 ('(으)세요1' → 153쪽 참고)
'아/어 주세요'与 '(으)세요1'的区别 ('(으)세요1' → 参考153页)

1) '(으)세요'보다 '아/어 주세요'는 훨씬 부드럽고 친근한 표현이다.
   '(으)세요'比起 '아/어 주세요'更加委婉，亲切。

   **예** 여기에서 기다리세요. (강한 느낌) 请在这里等。(语气强)
   여기에서 기다려 주세요. (약한 느낌) 请在这里稍等。(语气弱)

2) '(으)세요'와 '아/어 주세요'는 듣는 사람에게 어떤 일을 부탁, 명령한다는 점에서
   는 같지만 '아/어 주세요'는 듣는 사람이 아닌 다른 사람을 위해 하는 행동이다.
   '(으)세요'与 '아/어 주세요'虽然在向他人请求做某事和命令做某事上的意
   思相同，但 '아/어 주세요'不是听话人，而是为他人做某行为。

   **예** 이 책을 좀 읽으세요. 请读一下这本书。
   이 책을 아이에게 좀 읽어 주세요. (아이를 위한 행동) 请给孩子念这本书。
   (为了孩子做的行为)

# 아도 되다/어도 되다

| 동사 | 가다 | 먹다 | 하다 |
|---|---|---|---|
| | 가도 되다 | 먹어도 되다 | 해도 되다 |
| 형용사 | 작다 | 넓다 | 뚱뚱하다 |
| | 작아도 되다 | 넓어도 되다 | 뚱뚱해도 되다 |

**1.** 어떤 일을 하는 데 있어서 문제가 없음, 괜찮음을 나타낸다. 주로 동사와 함께 쓴다.

表示在做某事时没有问题时使用。常与动词一起使用。

> 예 여기에 주차해도 **됩니다**. 可以在这里停车。
> 여기에서 사진을 찍어도 **돼요**? 可以在这里照相吗?
> 방이 좀 작아도 **돼요**. 可以房间小一点。

**2.** '아도/어도 되다'의 '되다'를 '괜찮다'로 바꿔 쓸 수 있다.

可以把'아도/어도 되다'的 '되다'换成'괜찮다'来使用。

> 예 밤 열 시에 전화해도 **돼요**. 可以晚上十点钟打电话。
> 밤 열 시에 전화해도 **괜찮아요**. 晚上十点钟打电话也没问题。

**3.** 어떤 일에 대해 허락할 때는 '아도/어도 되다'를 쓰고, 허락하지 않을 때는 '(으)면 안 되다'를 쓴다. ('(으)면 안 되다' → 150쪽 참고)

表示在对某事许可时, 用'아도/어도 되다', 表示不许可时, 用'(으)면 안 되다'。('(으)면 안 되다' → 参考150页)

> 예 가 : 밤 열 시에 전화해도 **돼요**? 可以晚上十点钟打电话吗?
> 나 : 네, 그때 전화해도 **돼요**. (○) 是的, 可以那个时间打电话。
> 아니요, 그때 전화하면 안 **돼요**. (○) 不, 不可以那个时间打电话。
> 아니요, 그때 전화해도 안 **돼요**. (×)

**4.** 불규칙의 경우는 다음과 같다.

不规则变化时如下。

예 여기에서 음악을 들어도 돼요? (듣다) 可以在这里听音乐吗?
　　이 컴퓨터를 써도 돼요? (쓰다) 可以用这个电脑吗?
　　여기에서 노래를 불러도 돼요? (부르다) 可以在这唱歌吗?

여기에서 사진을 찍어도 돼요?

네, 돼요.

# 아서/어서 1

| 동사/형용사 | 가다 | 먹다 | 하다 | 비싸다 | 넓다 | 피곤하다 |
|---|---|---|---|---|---|---|
| | 가서 | 먹어서 | 해서 | 비싸서 | 넓어서 | 피곤해서 |

**1.** [A 아서/어서 B] A가 B의 이유임을 나타낸다.

[A 아서/어서 B] 先行句A是后行句B发生的原因。

> 예 감기에 걸**려서** 학교에 못 갔어요. 因为感冒所以没能去上学。
> 커피를 많이 마**셔서** 잠이 안 와요. 因为喝了很多咖啡所以睡不着觉。
> 옷이 너무 비**싸서** 못 샀어요. 因为衣服太贵所以不能买。

**2.** 과거 '았/었', 미래 '겠' 등은 함께 쓰지 않는다.

不能与表示过去的'았/었', 未来'겠'等一起使用。

> 예 어제 배가 아**파서** 병원에 갔어요. (○) 昨天因为肚子疼所以去了医院。
> 어제 배가 아팠어서 병원에 갔어요. (×)
> 내일 친구가 **와서** 공항에 갈 거예요. (○) 因为明天朋友来, 所以要去机场。
> 내일 친구가 오겠어서 공항에 갈 거예요. (×)

**3.** [A 아서/어서 B] B에는 명령 '(으)십시오, (으)세요', 청유 '(으)ㅂ시다, (으)ㄹ까요?' 등을 쓸 수 없다. 이때는 '(으)니까'를 주로 쓴다. ('(으)니까' → 131쪽 참고)

[A 아서/어서 B] 后行句B不能与命令'(으)십시오, (으)세요', 请求'(으)ㅂ시다, (으)ㄹ까요?' 等一起使用。此时常与'(으)니까1'来使用。('(으)니까1' → 参考131页)

> 예 비가 오**니까** 우산을 가지고 가세요. (○) 因为下雨了, 请带雨伞。
> 비가 와서 우산을 가지고 가세요. (×)
> 비가 오**니까** 우산을 가지고 갑시다. (○) 因为下雨了, 带雨伞(我们)吧。
> 비가 와서 우산을 가지고 갑시다. (×)
> 비가 오**니까** 우산을 가지고 갈까요? (○) 因为下雨了, 带雨伞怎么样?
> 비가 와서 우산을 가지고 갈까요? (×)

**4.** '반갑다, 고맙다, 미안하다, 죄송하다, 감사하다' 등과 함께 관용적으로 쓴다.

惯用于'반갑다, 고맙다, 미안하다, 죄송하다, 감사하다'等来表达。

> 예 만나서 **반갑습니다**. 见到你很高兴。
> 와 주셔서 **감사합니다**. 感谢光临。
> 늦어서 **미안합니다**. 很抱歉迟到了。

**5.** 불규칙의 경우는 다음과 같다.

不规则变化时如下。

> 예 오랫동안 걸어서 좀 쉬고 싶어요. (걷다) 因为走了很久想休息一下。
> 날씨가 너무 더워서 창문을 열었어요. (덥다) 因为天气很热所以开了窗户。
> 머리가 아파서 오늘은 집에서 쉬고 싶어요. (아프다) 因为头疼所以今天想在家里休息。
> 감기가 다 나아서 이제 병원에 안 가도 돼요. (낫다) 因为感冒都好了所以现在开始不用去医院了。
> 그 사람 말이 너무 빨라서 무슨 말인지 모르겠어요. (빠르다) 因为那个人说话太快了所以不知道在说什么。

어제 왜 학교에 안 왔어요?

배가 아파서 못 갔어요.

# 아서/어서2

| 동사 | 가다 | 씻다 | 하다 |
|------|------|------|------|
|      | 가서 | 씻어서 | 해서 |

**1.** [A 아서/어서 B] A 다음에 B가 시간 순서대로 일어날 때 쓴다.

[A 아서/어서 B] 先行句A之后发生了后行句B，表示事情发生的时间顺序。

> 예 아침에 일어나서 세수를 했어요. 早上起床后，洗了脸。
> 친구를 만나서 영화를 봤어요. 见到朋友后，看了电影。

**2.** [A 아서/어서 B] A의 상황 안에서 B가 이루어지는 것이기 때문에 A와 B는 서로 관계가 있어야 한다.

[A 아서/어서 B] 因为是在先行句A的状况里发生了后行句B的行为，所以A与B之间相互有关系。

> 예 커피숍에 가서 (그 커피숍에서) 커피를 마셨어요. 去咖啡店(去那家咖啡店)里喝咖啡。
> 사과를 씻어서 (그 사과를) 먹었어요. 洗苹果吃了(那个苹果)。

**3.** [A 아서/어서 B] A와 B는 주어가 같아야 한다.

[A 아서/어서 B] 先行句A与后行句B的主语要相同。

> 예 (제가) 고향 음식을 만들어서 (제가) 먹었어요. (我)做了家乡的菜(我)吃了。
> 민수 씨는 고향에 가서 (민수 씨는) 부모님을 만났어요. 民秀回家乡后，(民秀)见到了他的父母。

**4.** [A 아서/어서 B] 과거 '았/었', 미래 '겠' 등은 함께 쓰지 않는다.

[A 아서/어서 B] 不与过去'았/었'，将来'겠' 等一起使用。

> 예 도서관에 가서 친구를 기다렸어요. (○) 去图书馆等了朋友。
> 도서관에 갔어서 친구를 기다렸어요. (×)
> 도서관에 가겠어서 친구를 기다릴 거예요. (×)

**5.** 불규칙의 경우는 다음과 같다.

不规则变化时如下。

> 예 이메일을 써서 친구에게 보냈다. (쓰다) 给朋友写了电子邮件。
>
> 설탕을 넣었으니까 커피를 잘 저어서 드세요. (젓다) 因为放了糖, 请搅拌后再喝。
>
> 예쁜 옷을 골라서 친구에게 선물했어요. (고르다) 挑选了漂亮的衣服送给了朋友。

주말에 뭐 했어요?

친구를 만나서 같이 영화를 봤어요.

---

**더 생각해보기**

'아서/어서2'와 '고2'의 차이 ('고2' → 11쪽 참고)

'아서/어서2'与 '고2'的区别 ('고2' → 参考11页)

1) '아서/어서'는 앞뒤의 일이 반드시 관계가 있어야 하지만 '고'는 반드시 그런 것은 아니다.

'아서/어서'表示的事情前后一定有关系, 但 '고'没有限制。

> 예 과일을 씻어서 (그 과일을) 먹었어요. 洗了水果吃了(那个水果)。
>
> 손을 씻고 과일을 먹었어요. 洗了手之后吃了水果。

2) '서다, 앉다, 내리다, 일어나다' 등은 '아서/어서'와 쓰는 것이 자연스럽다.

'아서/어서'常与'서다, 앉다, 내리다, 일어나다'等习惯一起使用。

> 예 아침에 일어나서 세수를 했어요. 早上起来洗了脸。
>
> 버스에서 내려서 전화하세요. 下了客车请打电话。

# 아야 하다/어야 하다

| 동사 | 가다 | 먹다 | 하다 |
|---|---|---|---|
| | **가야 하다** | **먹어야 하다** | **해야 하다** |

| 형용사 | 작다 | 넓다 | 날씬하다 |
|---|---|---|---|
| | **작아야 하다** | **넓어야 하다** | **날씬해야 하다** |

**1.** 반드시 할 일, 필수적인 일을 말할 때 쓴다. 주로 동사와 함께 쓴다.

표示在一定或者必须要做的事情时使用。常与动词一起使用。

> 예 내일은 도서관에 **가야 해요**. 明天一定要去图书馆。
> 시험을 잘 보려면 이 단어들을 꼭 **외워야 해요**. 要想考好，就一定要背这些单词。
> 건강해지려면 매일 운동을 **해야 해요**. 想要健康，就一定要每天锻炼。
> 모델은 키가 **커야 해요**. 模特的身高一定要高。

**2.** '아야/어야 하다'의 '하다'를 '되다'로 바꿔 쓸 수 있다.

可以把'아야/어야 하다'的'하다'换成'되다'来使用。

> 예 오늘까지 숙제를 **내야 해요**. 今天要交作业。
> 오늘까지 숙제를 **내야 돼요**.

**3.** '아야/어야 하다' 앞에 명사가 오면 '이어야/여야 하다'로 쓴다.

名词位于'아야/어야 하다'前面时，换成'이어야/여야 하다'。

> 예 이 일을 하려면 한국어를 아주 잘하는 사람**이어야 해요**. 韩国语非常好的人才
> 能做这件事。
> 눈이 오려면 기온이 0℃ 이하**여야 해요**. 温度必须在0℃度以下时才能下雪。

**4.** 불규칙의 경우는 다음과 같다.

不规则变化时如下。

> **예** 지하철역까지 십 분 정도 걸어야 해요. (걷다) 到地铁站要走十分钟。
> 돈이 별로 없어서 아껴 써야 해요. (쓰다) 因为钱不多所以必须节省。
> 여기에 새 건물을 지어야 해요. (짓다) 要在这里建新房子。
> 맛있는 음식을 하려면 먼저 좋은 재료를 골라야 해요. (고르다) 要想做美味的
> 料理必须选择好的材料。

내일 몇 시까지 학교에 와야 해요?

9시까지 오세요.

# 아요/어요 1

| 동사/형용사 | 가다 | 먹다 | 하다 | 비싸다 | 넓다 | 피곤하다 |
|---|---|---|---|---|---|---|
| | 가요 | 먹어요 | 해요 | 비싸요 | 넓어요 | 피곤해요 |

**1.** 현재 상황에 대해 서술하거나 질문할 때 쓴다.

表示对现在状况叙述，或提问时使用。

> 예 저는 오늘 학교에 **가요**. 我今天去学校。
> 지금 친구를 만**나요**. 现在见朋友。
> 누가 한국어를 가르**쳐요**? 谁教韩国语?

**2.** 과거 '았/었', 미래·추측 '겠'과 함께 쓸 수 있다. 미래·추측 '(으)ㄹ 것이다'와 결합할 때는 '(으)ㄹ 거예요' 형태로 쓴다.

('았/었' → 111쪽, '(으)ㄹ 거예요1·2' → 175·177쪽 참고)

与过去的'았/었'，未来·推测的'겠'等一起使用。与未来·推测'(으)ㄹ 것이다'一起使用时，以'(으)ㄹ 거예요'的形态来使用。

('았/었' → 参考111页, '(으)ㄹ 거예요1·2' → 参考175·177页)

> 예 어제 친구를 만**났어요**. 昨天见了朋友。
> 내일 비가 **오겠어요**. 明天要下雨吧。
> 내일 친구를 만날 **거예요**. 明天要见朋友。

**3.** '아요/어요' 앞에 명사가 오면 '이에요/예요'로 쓴다. ('이에요/예요' → 219쪽 참고)

名词位于'아요/어요'前面时换成'이에요/예요'。 ('이에요/예요' → 参考219页)

> 예 저는 회사원**이에요**. 我是公司职员。
> 지연 씨는 제 친구**예요**. 智妍是我的朋友。

**4.** 불규칙의 경우는 다음과 같다.

不规则变化时如下。

> 예 휴대 전화로 음악을 들어요. (듣다) 用手机来听音乐。
> 날씨가 더워요. (덥다) 天气热。
> 친구에게 이메일을 써요. (쓰다) 给朋友写电子邮件。
> 부모님이 아이의 이름을 지어요. (짓다) 父母给孩子起名字。
> 지하철이 버스보다 더 빨라요. (빠르다) 地铁比客车快。
> 하늘이 파래요. (파랗다) 天蓝。

지금 뭐 해요?

책을 읽어요.

# 아요/어요2

| 동사 | 가다 | 먹다 | 하다 |
|------|------|------|------|
|      | **가요** | **먹어요** | **해요** |

**1.** 명령이나 청유의 뜻을 나타낸다. 이때 명령 '(으)세요'나 청유 '(으)ㅂ시다'보다 좀 더 부드러운 느낌을 준다. ('(으)세요1' → 153쪽, '(으)ㅂ시다' → 206쪽 참고)
表示命令，或劝诱。此时，比命令'(으)세요'，劝诱'(으)ㅂ시다'感觉更加委婉。('(으)세요1' → 参考153页，'(으)ㅂ시다' → 参考206页)

> 📵 늦었으니까 택시를 **타요**. 因为晚了，请打的士。
> 민수 씨, 저하고 같이 **가요**. 民秀，和我一起走吧。

**2.** 불규칙의 경우는 다음과 같다.
不规则变化如下。

> 📵 조금만 더 걸어요. (걷다) 再走一会儿。
> 내 말 좀 들어요. (듣다) 听我的话。
> 빨리 써요. (쓰다) 快点儿写。

늦었으니까 빨리 와요.

네. 알겠어요.

# 아지다/어지다1

| 형용사 | 작다 | 길다 | 깨끗하다 |
|---|---|---|---|
| | 작**아지다** | 길**어지다** | 깨끗**해지다** |

**1.** 처음에는 그렇지 않다가 점점 어떤 상태로 변함을 나타낸다.

表示渐渐变成某种状态时使用。

> **예** 운동을 하면 건강이 좋**아져요**. 运动的话就会变得健康。
> 봄이 되면 날씨가 따뜻**해질 거예요**. 到了春天的话天气就会变得暖和。
> 청소를 해서 방이 깨끗**해졌어요**. 因为打扫了房间所以变得干净了。

**2.** 변화가 끝난 상태를 나타낼 때는 '아졌다/어졌다'로 쓴다.

变化截止时与过去的'아졌다/어졌다'一起使用。

> **예** 지금은 외국 생활에 많이 익숙**해졌어요**. 现在已经适应外国生活了。
> 날이 벌써 어두**워졌어요**. 这么快天就黑了。
> 민수 씨 덕분에 수업이 아주 재미있**어졌어요**. 托民秀的福，上课变的有意思了。

**3.** 불규칙의 경우는 다음과 같다.

不规则变化时如下。

> **예** 날씨가 추워졌어요. (춥다) 天气变得冷了。
> 눈이 빨개졌어요. (빨갛다) 眼睛变得红了。
> 어렸을 때보다 많이 예뻐졌어요. (예쁘다) 比起小时候变得漂亮多了。
> 화가 나서 말이 빨라졌어요. (빠르다) 因为生气说话变快了。

어제보다 더 추워졌어요.

네, 이제 정말 겨울이에요.

# 아하다/어하다

| 형용사 | 좋다 | 싫다 | 피곤하다 |
|---|---|---|---|
| | 좋아하다 | 싫어하다 | 피곤해하다 |

**1.** '좋다, 싫다, 밉다, 예쁘다, 귀엽다, 피곤하다, 행복하다, 두렵다, 무섭다' 등의
감정, 느낌 등을 나타내는 형용사를 행동으로 나타낼 때 사용한다. 이때 주로
'을/를'과 함께 쓴다.

与 '좋다, 싫다, 밉다, 예쁘다, 귀엽다, 피곤하다, 행복하다, 두렵다, 무섭다'
等表示感情, 感受的形容词变为行动时使用。此时通常接 '을/를'一起使
用。

> 예 민수 씨가 지연 씨를 **좋아해요.** 民秀喜欢智妍。
> 지연 씨는 매운 음식을 **싫어해요.** 智妍不喜欢辣的料理。
> 나는 그 사람을 **미워하지** 않아요. 我不讨厌那个人。
> 엄마가 아기를 **귀여워해요.** 妈妈喜欢孩子。
> 학생들이 이번 시험을 어려**워했어요.** 学生们认为这次考试很难。

**2.** 불규칙의 경우는 다음과 같다.
不规则变化时如下。

> 예 아이가 큰 개를 무서워해요. (무섭다) 孩子怕大狗。
> 아버지가 딸을 예뻐해요. (예쁘다) 爸爸喜欢女儿。

무슨 음식을 좋아해요?

불고기를 좋아해요.

# 안

| 동사/형용사 | 가다 | 먹다 | 비싸다 | 작다 |
|---|---|---|---|---|
| | **안** 가다 | **안** 먹다 | **안** 비싸다 | **안** 작다 |

**1.** 그렇지 않음(부정)을 나타내거나 말하는 사람이 그 일을 할 생각이 없음을 나타낸다.

表示'不'(否定), 说话人不想做某事时使用。

> 예 일요일에는 회사에 **안** 가요. 星期天不去公司。
> 제 방은 별로 **안** 커요. 我的房间不是很大。

**2.** '청소하다, 전화하다, 숙제하다, 공부하다, 일하다, 운동하다' 등 '(명사)하다' 동사의 경우는 '명사(을/를) 안 하다'로 쓴다.

接'청소하다, 전화하다, 숙제하다, 공부하다, 일하다, 운동하다'等(名词)时, 以'名词(을/를) 안 하다'的形式来使用。

> 예 아직 청소(를) **안** 했어요. (○) 还没打扫卫生。
> 아직 안 청소했어요. (×)
> 민수 씨에게 전화(를) **안** 했어요? (○) 没有给民秀打电话吗?
> 민수 씨에게 안 전화했어요. (×)

**3.** 비슷한 표현으로 '지 않다'가 있다. ('지 않다' → 230쪽 참고) 이때 '안'에 비해 '지 않다'는 공식적인 상황에서 쓰이는 경우가 많다.

类似的语法有'지 않다'。('지 않다' → 参考230页)比起'안', '지 않다'的表达方式更加正式。

> 예 아직 밥 **안** 먹었어요? 还没吃饭吗?
> 부장님, 아직 회의를 시작하**지 않았습니다.** 部长, 会议还没有开始。

**4.** '있다, 알다'는 '없다, 모르다'로 쓴다.

'있다, 알다' 以 '없다, 모르다'的形式来使用。

> 예 오늘은 시간이 안 있어요. (×)
> 오늘은 시간이 **없어요.** (○) 今天没有时间。
> 저는 일본어를 안 알아요. (×)
> 저는 일본어를 **몰라요.** (○) 我不会日本语。

왜 저녁을 안 먹어요?

간식을 먹어서 배가 안 고파요.

---

**더 생각해보기**

**'안'과 '못'의 차이 ('못' → 71쪽 참고)**
'안'与 '못'的区别 ('못' → 参考71页)

'안'은 말하는 사람이 그 일을 할 생각이 없음을 나타내는 반면, '못'의 경우는 말하는 사람이 하려고 하나 할 수 없음을 나타낸다.
'안'表示说话人没有想法去做某事, '못'表示说话人想做但没有能力做某事。

> 예 그 옷이 예쁘지 않아서 안 샀어요. (옷을 살 생각이 없음) 那件衣服不漂亮所以没有买。(没有买衣服的想法)
>
> 그 옷을 사고 싶었지만 너무 비싸서 못 샀어요. (사고 싶지만 살 수 없음)
> 想买那件衣服因为太贵所以没能买。(想买但是没有能力买)

# 았/었

| 동사/형용사 | 가다 | 먹다 | 일하다 | 비싸다 | 넓다 | 피곤하다 |
|---|---|---|---|---|---|---|
| | **갔**다 | 먹**었**다 | 일**했**다 | 비**쌌**다 | 넓**었**다 | 피곤**했**다 |

**1.** 과거 상황을 나타낸다.

表示过去的状况。

> 예 어제 명동에 **갔**어요. 昨天去了明洞。
> 작년에 그 친구를 서울에서 만**났**습니다. 去年在首尔见了那个朋友。
> 어제 커피를 마**셨**어요? 昨天喝了咖啡?

**2.** '았/었' 앞에 명사가 오면 '이었/였'으로 쓴다.

名词位于'았/었'前面时变为'이었/였'来使用.

> 예 작년에 저는 학생**이었**어요. 去年我是学生。
> 그 사람은 전에 의사**였**어요. 那个人以前是医生。

**3.** 불규칙의 경우는 다음과 같다.

不规则变化时如下。

> 예 어제 많이 걸었어요. (걷다) 昨天走了很久.。
> 작년 여름은 아주 더웠어요. (덥다) 去年夏天很热。
> 이번 달 생활비를 벌써 다 썼어요. (쓰다) 这个月的生活费已经都花完了。
> 그 회사에서 우리 동네에 큰 건물을 지었어요. (짓다) 那个公司在我们小区建了很大的建筑物。
> 친구와 같이 민수 씨 생일 선물을 골랐어요. (고르다) 和朋友一起挑选了民秀的生日礼物。

어제 뭐 했어요?

민수 씨를 만났어요.

# 았었/었었

| 동사/형용사 | 만나다 | 먹다 | 하다 | 작다 | 넓다 | 똑똑하다 |
|---|---|---|---|---|---|---|
| | 만났었다 | 먹었었다 | 했었다 | 작았었다 | 넓었었다 | 똑똑했었다 |

**1.** 과거의 일이나 상태가 완료됨을 나타낸다. 이때 그 일이나 상태가 지금과는 다름을 나타낸다.
   表示过去的事实或状态完了时使用。这时的事实或状态与现在不同。

> 예 전에는 매운 음식을 못 먹었었어요. 하지만 지금은 잘 먹어요. 之前不能吃辣的
> 东西。但是现在能（喜欢）吃。
> 작년에 이 운동장이 아주 넓었었어요. 하지만 지금은 좁아요. 去年这个运动场
> 很宽。但是现在窄。
> 예전에는 여기에 건물이 많이 없었었는데 지금은 많아졌네요. 从前这里没有很
> 多建筑物，现在变得多了。

작년에는 많이 추웠었는데 올해는 별로 안 춥네요.

네, 올해는 따뜻하네요.

---

**더 생각해보기**

'았었/었었'과 '았/었'의 차이 ('았/었' → 111쪽 참고)
'았었/었었'与 '았/었'的区别 ('았/었' → 参考111页)

'았었/었었'은 과거의 일이나 상태가 완료되어 그 상태가 지금과는 다름을 나타내고
'았/었'은 단순히 과거의 일이나 상태를 나타낸다.
'았었/었었'表示过去的事实或状态的完了与现在不同，但 '았/었'只表示单纯
过去的事实和状态。

> 예 어제 학교에 사람이 많았었어요. (어제는 사람이 많았으나 지금은 그렇지 않음)
> 昨天学校的人很多。(昨天很多但是现在不同)
> 어제 학교에 사람이 많았어요. (어제 사람이 많았음) 昨天学校人很多。(昨天
> 人很多)

# 았으면 좋겠다/었으면 좋겠다

| 동사/형용사 | 가다 | 먹다 | 하다 | 작다 | 넓다 | 깨끗하다 |
|---|---|---|---|---|---|---|
| | 갔으면 좋겠다 | 먹었으면 좋겠다 | 했으면 좋겠다 | 작았으면 좋겠다 | 넓었으면 좋겠다 | 깨끗했으면 좋겠다 |

**1.** 어떤 것을 희망함을 나타낸다.

表示期望某事。

> 예  친구가 **많았으면 좋겠어요**. 朋友多的话就好了。
> 아기가 잘 **먹었으면 좋겠어요**. 孩子多吃东西的话就好了。
> 친구가 아프지 **않았으면 좋겠어요**. 朋友不生病的话就好了。

**2.** 지금의 상황과 반대의 상황을 바랄 때 쓰기도 한다.

也表示希望和现在的状况相反时也可以使用。

> 예  돈이 **많았으면 좋겠어요**. (지금 돈이 많지 않음) 要是钱多的话就好了。(现在的钱不多)
> 날씨가 좀 **따뜻해졌으면 좋겠어요**. (지금 날씨가 따뜻하지 않음) 要是天气变暖的话就好了。(现在的天气不暖和)

**3.** '았으면/었으면 좋겠다'의 '좋겠다'를 '하다, 싶다' 등으로 바꿔 쓸 수 있다.

'았으면/었으면 좋겠다'的 '좋겠다'可以换成'하다, 싶다'来使用。

> 예  친구가 **많았으면 좋겠어요**. 朋友多的话就好了。
> 친구가 **많았으면 해요**.
> 친구가 **많았으면 싶어요**.

**4.** 비슷한 표현으로 '(으)면 좋겠다'가 있다.

类似语法有 '(으)면 좋겠다'。

> 예  이번 방학에는 여행을 **갔으면 좋겠어요**. 这次放假要是去旅行的话就好了。
> 이번 방학에는 여행을 **가면 좋겠어요**.

**5.** '았으면/었으면 좋겠다' 앞에 명사가 오면 '이었으면/였으면 좋겠다'로 쓴다.

名词位于'았으면/었으면 좋겠다'前面时变为'이었으면/였으면 좋겠다'来使用。

> 예  나도 대학생**이었으면 좋겠어요**. 我也是大学生的话就好了。
> 부자**였으면 좋겠어요**. 要是有钱人的话就好了。

**6.** 불규칙의 경우는 다음과 같다.

不规则变化时如下。

> 📖 좋은 소식을 들었으면 좋겠어요. (듣다) 要是听到好消息的话就好了。
> 날씨가 덜 더웠으면 좋겠어요. (덥다) 要是天气不这么热就好了。
> 아픈 친구가 빨리 나았으면 좋겠어요. (낫다) 生病的朋友快点好的话就好了。
> 지연 씨가 열심히 공부하는 것처럼 민수 씨도 그랬으면 좋겠어요. (그렇다)
> 民秀也像智妍一样努力学习就好了。

제주도에 놀러 갔으면 좋겠어요.

저도요.

---

**더 생각해보기**

'았으면/었으면 좋겠다'와 '고 싶다'의 차이 ('고 싶다' → 13쪽 참고)
'았으면/었으면 좋겠다'与 '고 싶다'的区别 ('고 싶다' → 参考13页)

1) '았으면/었으면 좋겠다'는 '고 싶다'보다 막연한 바람이나 실현 가능성이 다소 적을 때 쓴다.
   比起 '고 싶다', '았으면/었으면 좋겠다'表示茫然的期望某事时使用, 实现的可能性较小。

   > 📖 이번 방학에 여행을 했으면 좋겠어요. (막연한 바람) 这次放假想去旅行。
   > (茫然的)
   > 이번 방학에 여행을 하고 싶어요. (구체적인 바람) 这次放假想去旅行。
   > (有具体计划的)

2) '았으면/었으면 좋겠다'는 말하는 사람뿐만 아니라 다른 사람에 대한 희망도 말할 수 있지만 '고 싶다'는 말하는 사람 자신에 대한 희망만 말할 수 있다.
   '았으면/었으면 좋겠다'不仅表示说话人的期望, 也代表他人的期望, 但'고 싶다'只能表示说话人的期望。

   > 📖 저는 빨리 결혼하고 싶어요. (○) 我想快点结婚。
   > 저는 빨리 결혼했으면 좋겠어요. (○) 要是我能快点结婚就好了。
   > 저는 유리 씨가 빨리 결혼했으면 좋겠어요. (○) 我觉得刘丽要是快点结婚就好了。
   > 저는 유리 씨가 빨리 결혼하고 싶어요. (×)

# 에1

| 명사 | 학교 | 집 |
|------|------|-----|
|      | 학교에 | 집에 |

**1.** 장소와 함께 써서 어떤 것이 있는 곳을 나타낸다.

与场所一起使用，表示某东西所在的范围。

> **예** 교실에 학생들이 많아요. 教室里学生很多。
> 방에 컴퓨터가 있어요. 房间里有电脑。

**2.** '있다, 없다, 살다' 등과 함께 자주 쓴다.

常与'있다, 없다, 살다'等一起使用。

> **예** 교실에 민수 씨가 있어요. 教室里有民秀。
> 집에 냉장고가 없어요. 家里没有冰箱。
> 저는 서울에 살아요. 我在首尔生活。

집에 컴퓨터가 있어요?

네, 있어요.

---

**더 생각해보기**

**'에1'와 '에서1'의 차이 ('에서1' → 126쪽 참고)**
**'에1'与 '에서1'的区别 ('에서1' → 参考126页)**

'에'는 어떤 것이 그 장소 안에 있음을 나타내지만, '에서'는 그 장소 안에서 어떤 행동을 하는 것을 나타낸다.
'에'表示某东西所在的场所，'에서'表示在某场所里发生某行为。

> **예** 집에 동생이 있어요. 家里有弟弟。
> 집에서 동생이 공부해요. 弟弟在家里学习。

# 에2

| 명사 | 학교 | 집 |
|------|------|------|
|      | 학교에 | 집에 |

**1.** 장소와 함께 써서 도착하는 곳을 나타낸다.

与场所一起使用，表示到达某场所。

> 예 민수 씨가 학교**에** 왔어요. 民秀来到了学校。
> 네 시간 후 한국**에** 도착합니다. 四个小时后到达韩国。

**2.** '가다, 오다, 다니다, 도착하다' 등과 함께 자주 쓴다.

常与'가다, 오다, 다니다, 도착하다'等一起使用。

> 예 수업이 끝나면 집**에 가요**. 放学后回家。
> 저는 은행**에 다녀요**. 我在银行上班。

어디에 가요?

은행에 가요.

**더 생각해보기**

'에2'와 '(으)로1'의 차이 ('(으)로1' → 141쪽 참고)
'에2'与 '(으)로1'的区别 ('(으)로1' → 参考141页)

1) '에'는 목적지를 나타내지만 '(으)로'의 경우는 진행 방향을 나타낸다.
  '에'用来表达目的地, '(으)로'则表达进行的方向。

  **예** 저는 부산에 가요. (도착점이 부산임) 我去釜山。(到达地为釜山)
    배가 남쪽으로 가고 있어요. ('남쪽'은 도착점이 아니라 방향을 나타냄)
    船向南方开去。('南方'不是到达地而是表示方向)

2) '도착하다'는 '에'와 함께 쓰고 '출발하다, 떠나다'는 '(으)로'와 함께 쓴다.
  '도착하다'与 '에'一起使用, '출발하다, 떠나다'与'(으)로'一起使用。

  **예** 영호 씨는 제주도에 도착했어요. (○) 荣浩到达了济州岛。
    영호 씨는 제주도로 도착했어요. (×)
    유리 씨는 서울로 떠났어요. (○) 刘丽向首尔出发。
    유리 씨는 서울에 떠났어요. (×)

ㄱ
ㄴ

ㄷ
ㄹ
ㅁ
ㅂ

ㅅ
ㅇ

ㅈ
ㅊ
ㅎ

## 에3

| 명사 | 한 시 | 일요일 |
|------|-------|--------|
|      | 한 시**에** | 일요일**에** |

**1.** 때나 시간과 함께 써서 어떤 일이 일어나는 때를 나타낸다.

与时间一起使用，表示某事发生的时间。

> **예** 한 시**에** 학교 앞에서 만나요. 一点在学校前见面。
> 작년**에** 그 친구를 처음 봤어요. 去年第一次见到那个朋友。
> 밤**에** 운동하는 사람들이 많네요. 晚间运动的人很多。
> 조금 전**에** 민수 씨에게서 전화가 왔어요. 刚刚民秀来了电话。

**2.** '어제, 오늘, 내일, 올해' 등과 함께 쓸 수 없다.

与昨天，今天，明天，今年等词汇不可一起使用。

> **예** 오늘 저는 친구를 만날 거예요. (○) 我今天要见朋友。
> 오늘에 저는 친구를 만날 거예요. (×)
> 올해 대학교에 입학했어요. (○) 我今年入了大学。
> 올해에 대학교에 입학했어요. (×)

몇 시에 수업이 시작해요?

아홉 시에 시작해요.

## 에4

| 명사 | 냉장고 | 지갑 |
|------|--------|------|
|      | 냉장고에 | 지갑에 |

**1.** 장소나 사물과 함께 써서 어떤 일의 영향을 받는 곳을 나타낸다.

与场所和事物一起使用，表示对某事受到影响的场所。

> **예** 나무에 물을 주었어요. 给树浇了水。
> 냉장고에 우유를 넣었어요. 把牛奶放进了冰箱。

**2.** '놓다, 두다, 넣다, 담다, 바르다, 쓰다, 꽂다' 등과 자주 쓴다.

常与'놓다, 두다, 넣다, 담다, 바르다, 쓰다, 꽂다'等一起使用。

> **예** 지갑에 카드를 **넣었어요**. 把卡放进了钱包。
> 칠판에 이름을 **썼어요**. 在黑板上写了名字。
> 책상에 책을 **놓았어요**. 把书放在了书桌上。

귤을 어디에 담을까요?

접시에 담으세요.

## 에5

| 명사 | 한 개 | 일주일 |
|------|------|--------|
|      | 한 개에 | 일주일에 |

**1.** 수량을 나타내는 명사와 함께 써서 그 기준이 됨을 나타낸다.

接在数量名词后表示基准单位。

> 예 하루에 한 알씩 이 약을 드세요. 一天请吃一粒药。
> 이 사과는 한 개에 천 원이에요. 这个苹果一千韩元一个。
> 한 달에 두 번 정도 영화를 봐요. 一个月看两次电影。

사과 한 개에 얼마예요?

한 개에 천 원이에요.

# 에게

| 명사 | 친구 | 학생 |
|------|------|------|
| | 친구에게 | 학생에게 |

**1.** 어떤 행동을 받는 대상을 나타낸다.

表示接受行为的对象。

> **예** 친구에게 전화를 했어요. 给朋友打了电话。
> 저 학생에게 이 책을 주세요. 请给那个学生这本书。
> 저에게 돈을 좀 빌려주실 수 있어요? 能借给我点儿钱吗?
> 이 옷이 저에게 잘 어울려요? 这件衣服适合我吗?

**2.** '주다, 질문하다, 연락하다, 전화하다, 보내다' 등과 함께 자주 쓴다.

常与'주다, 질문하다, 연락하다, 전화하다, 보내다'等一起使用。

> **예** 친구에게 선물을 **줬어요**. 送给朋友礼物了。
> 유리 씨에게 **연락하세요**. 请联系刘丽。

**3.** 비슷한 표현으로 '한테'가 있다. ('한테' → 241쪽 참고) 이때 '에게'는 말이나 글에서 모두 쓰지만 '한테'는 주로 말할 때 쓴다.

类似的语法有'한테'。('한테' → 参考241页) '에게'在书面语和口语中都能使用, 但是'한테'常用在口语中。

> **예** 아이에게 과자를 주었어요. 给了孩子饼干。
> 아이한테 과자를 주었어요.

**4.** 행동을 받는 사람이 윗사람일 때 '께1'를 쓴다. ('께1' → 28쪽 참고)

在接受行为的人需要尊敬时, 使用'께1'。('께1' → 参考28页)

> **예** 부모님께 편지를 썼어요. 给父母写了信。
> 할머니께 전화를 드렸어요. 给奶奶打了电话。

**5.** 어떤 행동을 받는 대상이 사물일 때에는 '에4'를 쓴다. ('에4' → 119쪽 참고)

接受行为的对象为事物时，使用 '에4'。('에4' → 参考119页)

예 나무에 물을 줬어요. 给树浇水。

회사에 전화를 했어요. 给公司打电话。

그 꽃을 누구에게 줄 거예요?

친구에게 줄 거예요.

# 에게서

| 명사 | 친구 | 학생 |
|---|---|---|
|  | 친구**에게서** | 학생**에게서** |

**1.** 어떤 행동의 시작점을 나타낸다. 이때 그 시작점은 사람 또는 동물이다.

表示某行动的开始。此时的始点为人，或动物。

> 예 학생**에게서** 어려운 질문을 받았어요. 从学生那里接到了很难的提问。
> 친구**에게서** 놀라운 소식을 들었어요. 从朋友那里听到惊人的消息。
> 고양이**에게서** 냄새가 많이 나요. 猫的身上有异味儿。

**2.** '듣다, 받다, 배우다, 얻다' 등과 함께 많이 쓴다.

常与'듣다，받다，배우다，얻다'等一起使用。

> 예 민수 씨**에게서** 돈을 받았어요? 从民秀那里收到钱了吗？
> 친구**에게서** 이 책을 얻었어요. 从朋友那里得到了这本书。

**3.** '에게서'의 '서'를 생략할 수 있다.

'에게서'的'서'可以省略使用。

> 예 친구**에게서** 그 소식을 들었어요. 从朋友那里听到了那个消息。
> 친구**에게** 그 소식을 들었어요.

**4.** 비슷한 표현으로 '한테서'가 있다. ('한테서' → 243쪽 참고)

类似的语法有'한테서'。('한테서' → 参考243页)

> 예 친구**에게서** 생일 초대를 받았어요. 从朋友那里收到生日邀请。
> 친구**한테서** 생일 초대를 받았어요.

누구에게서 그 말을 들었어요?

제 친구에게서 들었어요.

# 에다가1

| 명사 | 학교 | 집 |
|------|------|-----|
|      | 학교에다가 | 집에다가 |

**1.** 장소나 사물과 함께 써서 어떤 일의 영향을 받는 곳 또는 어떤 것이 더해지는
것을 나타낸다.

与场所和事物一起使用，表示受到影响的场所或附加上某事时使用。

> 예 커피**에다가** 우유를 넣어서 마셨어요. 在咖啡里加了牛奶喝了。
> 책을 미리 가방**에다가** 챙겨 두었어요. 把书提前装进了书包。
> 방**에다가** 책상을 놓았어요. 在房间里放了书桌。

**2.** '놓다, 두다, 넣다, 담다, 바르다, 쓰다, 꽂다' 등과 자주 쓴다.

常与'놓다, 두다, 넣다, 담다, 바르다, 쓰다, 꽂다'等一起使用。

> 예 의자 위**에다가** 가방을 **놓았어요**. 在椅子上放了书包。
> 문 앞**에다가** 우산을 **두었어요**. 在门前摆放了雨伞。
> 커피**에다가** 우유를 **넣었어요**. 在咖啡里加了牛奶。
> 접시**에다가** 과일을 **담았어요**. 在盘子上摆了水果。
> 손**에다가** 로션을 **발랐어요**. 在手上擦了手霜。

**3.** '에다가'의 '가'를 생략할 수 있다.

'에다가'的 '가'可以省略使用。

> 예 나무**에다가** 물을 주었어요. 给树浇了水。
> 나무**에다** 물을 주었어요.

**4.** '에다가'를 '에4'와 바꿔 쓸 수 있다. ('에4' → 119쪽 참고)

可以与'에4'替换使用。('에4' → 参考119页)

> 예 냉장고**에다가** 우유를 넣어 두었어요. 冰箱里放了牛奶。
> 냉장고**에** 우유를 넣어 두었어요.

이 책을 어디에다가 둘까요?

책상 위에다가 두세요.

# 에서1

| 명사 | 학교 | 집 |
|------|------|-----|
|      | 학교**에서** | 집**에서** |

**1.** 어떤 행동을 하는 장소를 나타낸다.

表示某行为发生的场所。

> 예 저는 학교**에서** 한국어를 배워요. 我在学校学习韩国语。
>
> 오늘은 집**에서** 쉴 거예요. 今天在家里休息。

주말에는 보통 뭐 해요?

그냥 집에서 쉬어요.

### 더 생각해보기

'에서1'와 '에1'의 차이 ('에1' → 115쪽 참고)
'에서1'与 '에1'的区别 ('에1' → 参考115页)

'에'는 주로 '있다, 없다'와 함께 쓰여 어떤 것이 그 장소 안에 있음 또는 없음을 나타내지만, '에서'의 경우는 그 장소 안에서 어떤 행동을 하는 것을 나타낸다.
'에'常与'있다，없다'一起使用，表示在场所里的有或无，但'에서'则表示在场所里发生某行为。

> 예 집에 동생이 있다. (○) 家里有弟弟。
>
> 집에서 동생이 있다. (×)
>
> 집에서 동생이 공부한다. (○) 弟弟在家里学习。

# 에서2

| 명사 | 학교 | 집 |
|------|------|-----|
|      | 학교에서 | 집에서 |

**1.** 어떤 일의 배경이 되는 곳을 나타낸다. 뒤에 주로 형용사가 온다.

表示为某事的范围时使用。后面常接形容词。

> **예** 우리 반에서 민수 씨가 제일 키가 커요. 我们班里民秀的个子最高。
> 제주도에서 한라산이 유명해요. 在济州岛汉拿山最有名。

**2.** '잘, 제일, 가장' 등과 자주 쓴다.

与‘잘, 제일, 가장'等经常使用。

> **예** 우리 반에서 민수 씨가 **제일** 멋있어요. 在我们班里民秀长得最帅气。

서울에서 어디가 제일 복잡해요?

명동이 제일 복잡한 것 같아요.

# 에서3

| 명사 | 여기 | 집 |
|---|---|---|
| | 여기에서 | 집에서 |

**1.** '오다, 가다, 출발하다' 등과 함께 써서 그 일이 시작된 곳을 나타낸다.

与'오다, 가다, 출발하다' 等一起使用, 表示事情发生的地点。

> 예 집에서 전화가 왔어요. 从家里来了电话。
> 여기에서 가면 지하철로 삼십 분 걸려요. 从这里坐地铁, 需要三十分钟。
> 한국에서 몇 시에 출발했어요? 在韩国几点出发的?

**2.** '까지'와 함께 쓰여 어떤 일이 시작해서 끝나는 곳을 나타내기도 한다. ('까지' → 27쪽 참고)

与'까지' 一起使用表示某事开始到结束的范围。('까지' → 参考27页)

> 예 학교에서 집까지 얼마나 걸려요? 从学校到家需要多久?
> 서울에서 베이징까지 비행기로 두 시간 걸려요. 从首尔到北京坐飞机需要两个小时。

**3.** 국적을 말할 때 '에서 오다'를 쓸 수 있다.

在叙述国籍的时候可以用'에서 오다'。

> 예 저는 한국에서 왔어요. (한국 사람이에요.) 我来自韩国。(是韩国人。)
> 저는 중국에서 왔어요. (중국 사람이에요.) 我来自中国。(是中国人。)

집에서 몇 시에 나왔어요?

30분 전에 나왔어요.

# 와/과

| 명사 | 친구 | 학생 |
|------|------|------|
|      | 친구와 | 학생과 |

**1.** 두 개 이상의 대상이 함께함을 나타낸다.

表示两个以上的对象并列时使用。

> 例 저는 사과**와** 바나나를 좋아해요. 我喜欢吃苹果和香蕉。
>
> 오늘 아버지**와** 어머니가 중국에서 오십니다. 今天爸爸和妈妈从中国来。

**2.** 어떤 일을 같이 하는 사람을 나타낸다. 이때 '와/과 같이'로 쓸 수 있다.

表示一起做某事的人。此时用'와/과 같이'来表达。

> 例 저는 친구**와 같이** 농구를 했어요. 我和朋友一起打篮球。
>
> 유리 씨는 동생**과 같이** 집 청소를 했어요. 刘丽和弟弟一起打扫了家。

**3.** 혼자 할 수 없는 일 '사귀다, 싸우다, 결혼하다' 등은 '와/과 사귀다, 싸우다, 결혼하다' 등으로 쓴다.

与不能体现独自做行为的'사귀다, 싸우다, 결혼하다' 等使用时, 以'와/과 사귀다, 싸우다, 결혼하다' 等一起使用。

> 例 영호 씨가 동생**과 싸웠어요**. 荣浩和弟弟吵架了。
>
> 민수 씨가 여자 친구**와 결혼하기로** 했어요. 民秀决定要和女朋友结婚。

**4.** '같다, 다르다, 비슷하다' 등과 함께 써서 비교의 기준을 나타낸다.

与'같다, 다르다, 비슷하다'等一起使用, 表示比较的基准。

> 例 민수 씨**와** 저는 나이가 **같아요**. 民秀和我同岁。
>
> 한국 문화는 중국 문화**와 다릅니다**. 韩国文化和中国文化不同。
>
> 저는 언니**와** 성격이 아주 **비슷해요**. 我和姐姐的性格相似。

**5.** 비슷한 표현으로 '하고'와 '(이)랑'이 있다. ('하고' → 239쪽 참고, '(이)랑' → 217쪽 참고) '와/과'와 '하고'는 말이나 글에서 모두 쓰지만 '(이)랑'은 주로 말할 때 쓴다.

类似的语法有'하고'和'(이)랑'。('하고' → 参考239页, '(이)랑' → 参考217页) '와/과'和'하고'在书面和口语中都能使用, '(이)랑'通常用在口语中。

> **예** 저는 농구**와** 축구를 잘해요. 我擅长篮球和足球。
> 저는 농구**하고** 축구를 잘해요.
> 저는 농구**랑** 축구를 잘해요.

무슨 음식을 좋아해요?

불고기와 냉면을 좋아해요.

# 으니까/니까1

| 동사/형용사 | 가다 | 먹다 | 비싸다 | 작다 |
|---|---|---|---|---|
| | 가**니까** | 먹**으니까** | 비싸**니까** | 작**으니까** |

**1.** [A (으)니까 B] A가 B의 이유임을 나타낸다.

先行句A是后行句B的理由时使用。

> 예 비가 **오니까** 우산을 가져가세요. 因为下雨了, 请带雨伞.
>
> 피곤하**니까** 좀 쉽시다. 因为累了, (我们)休息吧.
>
> 오늘은 일이 많**으니까** 내일 만날까요? 今天的事情很多, 所以明天见面怎么样?

**2.** [A (으)니까 B] B에는 주로 명령 '(으)십시오, (으)세요', 청유 '(으)ㅂ시다, (으)ㄹ까요?' 등과 함께 쓴다.

[A (으)니까 B] 中的B常与'(으)십시오, (으)세요', 劝诱 '(으)ㅂ시다, (으)ㄹ까요?'等, 一起使用.

> 예 시간이 **없으니까** 빨리 **가세요**. 因为没有时间了, 快点儿走吧.
>
> 시간이 **없으니까** 빨리 **갑시다**. 因为没有时间了, (我们)快点儿走吧.
>
> 시간이 **없으니까** 빨리 **갈까요**? 因为没有时间了, (我们)快点儿走怎么样?

**3.** 과거 '았/었'과 함께 쓸 수 있다.

与过去的'았/었'一起使用.

> 예 오랜만에 만**났으니까** 커피 한 잔 할까요? 好长时间才见面, 所以喝杯咖啡怎么样?
>
> 우리 시험도 끝**났으니까** 놀러 가자. 考试也已经结束了我们去玩吧.

**4.** '(으)니까' 앞에 명사가 오면 '(이)니까'로 쓴다.

名词位于'(으)니까'前面时, 用'(이)니까'.

> 예 여기는 도서관**이니까** 조용히 하세요. 这里是图书馆, 请安静.

**5.** 불규칙의 경우는 다음과 같다.

不规变化如下.

예 이 음악을 들으니까 기분이 좋아져요. (듣다) 听了这个音乐心情变好了。

날씨가 더우니까 창문을 좀 열까요? (덥다) 天气很热，打开窗户怎么样？

이 약을 먹으면 감기가 금방 나으니까 꼭 먹어. (낫다) 吃了这个药，感冒马上就好所以一定要吃。

한국에서 혼자 사니까 좀 외로워요. (살다) 在韩国一个人生活很寂寞。

길이 복잡하니까 지하철을 탑시다.

네, 좋아요.

## 더 생각해보기

'(으)니까'와 '아서/어서1'의 차이 ('아서/어서1' → 98쪽 참고)
'(으)니까1'与 '아서/어서1'的区别 ('아서/어서1' → 参考98页)

1) '(으)니까'와 다르게 '아서/어서'에서는 명령 '(으)십시오, (으)세요', 청유 '(으)ㅂ시다, (으)ㄹ까요?' 등을 사용할 수 없다. 이때는 '아서/어서' 대신 '(으)니까'를 쓴다.
与'(으)니까'不同的'아서/어서'与表示命令的'(으)십시오, (으)세요',劝诱'(으)ㅂ시다, (으)ㄹ까요?'等,不能一起使用。这时代替'아서/어서'使用'(으)니까'。

예 비가 오니까 우산을 가지고 가세요. (○) 因为下雨了，请带雨伞。

비가 와서 우산을 가지고 가세요. (×)

배가 고프니까 식사를 합시다. (○) 因为饿了，(我们)吃饭吧。

배가 고파서 식사를 합시다. (×)

시간이 있으니까 차 한 잔 할까요? (○) 因为有时间，(我们)喝杯茶吧。

시간이 있어서 차 한 잔 할까요? (×)

2) '반갑다, 고맙다, 죄송하다, 감사하다' 등과 함께 관용적으로 쓸 때는 '(으)니까'를 쓰지 않고 '아서/어서'를 쓴다.
与'반갑다, 고맙다, 죄송하다, 감사하다'等一起惯用时，不可以用 '(으)니까',用'아서/어서'来表达。

예 만나서 반갑습니다. (○) 见到你很高兴。

만나니까 반갑습니다. (×)

늦어서 미안합니다. (○) 迟到了，很抱歉。

늦으니까 미안합니다. (×)

# 으니까/니까2

| 동사 | 가다 | 먹다 |
|---|---|---|
| | 가니까 | 먹으니까 |

**1.** [A (으)니까 B] A를 하고 나서 B를 알게 됨을 나타낸다.

[A (으)니까 B] 表示做完A之后，知道了B。

> 예 아침에 학교에 **가니까** 아무도 없었어요. 早上来到学校，一个人都没有。
> 야구 경기를 직접 가서 **보니까** 더 재미있었어요. 亲自去看棒球比赛，更有意思。

**2.** 과거 '았/었'과 함께 쓰지 않는다.

不与过去的'았/었'一起使用。

> 예 아침에 학교에 **가니까** 아무도 없었어요. (○) 早上来到学校才知道一个人都没有。
> 아침에 학교에 갔으니까 아무도 없었어요. (×)

**3.** 불규칙의 경우는 다음과 같다.

不规则变化如下。

> 예 부모님께 옛날 이야기를 **들으니까** 그때 생각이 났어요. (듣다)
> 听父母讲过去的事情，想起了当时的情景。
> 내일 먹을 음식을 다 **만드니까** 벌써 밤이 되었어요. (만들다)
> 做完了明天要吃的东西，才知道已经到了晚上了。

지금 도서관에 사람이 많을까요?

아니요, 아까 가 보니까 별로 없었어요.

# 으라고 하다/라고 하다

| 동사 | 가다 | 먹다 |
|------|------|------|
|      | 기라고 하다 | 먹으라고 하다 |

**1.** 어떤 사람이 명령하거나 부탁한 것을 전달할 때 쓴다.

表示传达某人的命令或请求时使用。

> **예** 가 : 유리 씨, 선생님께서 아까 뭐라고 하셨어요? 刘丽，老师刚才说什么了?
>
> 나 : 내일 일찍 **오라고 하셨어요.** (선생님 : "내일 일찍 오세요.") 她说，明天早点儿来。(老师："明天早点儿来。")
>
> 가 : 유리 씨, 어머니께서 아까 뭐라고 하셨어요? 刘丽，刚才妈妈说什么了?
>
> 나 : 밥을 잘 **먹으라고 하셨어요.** (어머니 : "밥을 잘 먹어.") 她说，要好好吃饭。(妈妈："好好吃饭。")

**2.** 말하는 사람 자신이 한 말을 다시 전달할 때도 쓴다.

表示说话人在从新转达自己说过的话时使用。

> **예** 제가 영호 씨한테 전화하**라고 했어요.** (나 : "영호 씨, 전화하세요.")
> 我让荣浩打电话。(我："荣浩，请打电话。")
> 제가 유리 씨한테 여기 앉**으라고 했어요.** (나 : "유리 씨, 여기 앉으세요.")
> 我让刘丽坐在这里。(我："刘丽，坐这里吧。")

**3.** 금지의 경우 '지 말다'와 함께 쓰여서 '지 말라고 하다'로 쓴다.

在表示禁止的情况下与'지 말다'一起使用，变为'지 말라고 하다'。

> **예** 경찰이 여기에 주차하**지 말라고 했어요.** (경찰 : "여기에 주차하지 마세요.")
> 警察说，不要在这里停车。(警察："不要在这里停车。")
> 직원이 사진을 찍**지 말라고 했어요.** (직원 : "사진을 찍지 마세요.")
> 职员说，不要照相。(职员："不要照相。")

**4.** '주다'의 경우, 명령 또는 부탁한 사람에게 그 명령이나 부탁을 해 주어야 하는 경우 '달라고 하다'를 쓴다. 하지만 제3자에게 그 명령이나 부탁을 해 주어야 하는 경우 '주라고 하다'를 쓴다.

'주다'的情况下表示接受拜托人的命令，或请求时用'달라고 하다'。但是为第三者接受命令，或请求时用'주라고 하다'。

> 예 선생님께서 도와**달라고 하셨어요**. (선생님 : "**저를** 도와주세요.") 老师让我帮忙。(老师："请帮帮我。")
>
> 선생님께서 유리 씨를 도와**주라고 하셨어요**. (선생님 : "**유리 씨를** 도와주세요.") 老师让我帮刘丽。(老师："请帮帮刘丽。")
>
> 가 : 유리 씨, 선생님께서 아까 뭐라고 하셨어요? 刘丽，老师刚刚说了什么？
> 나 : 선생님께서 이 책을 **달라고 하셨어요**. (선생님 : "이 책을 **저에게** 주세요.") 老师说，想要这本书。(老师："请把这本书给我。")
>
> 가 : 유리 씨, 선생님께서 아까 뭐라고 하셨어요? 刘丽，老师刚刚说了什么？
> 나 : 선생님께서 이 책을 민수 씨에게 **주라고 하셨어요**. (선생님 : "이 책을 **민수 씨에게** 주세요.") 老师说，把这本书给民秀。(老师："请把这本书给民秀。")

**5.** 불규칙의 경우는 다음과 같다.

不规则变化如下。

> 예 의사 선생님이 하루에 한 시간씩 걸으라고 하셨어요. (걷다) 医生说，每天走一个小时。
>
> 회사에서 통장을 만들라고 했어요. (만들다) 公司说，让办理存折。

선생님께서 아까 뭐라고 하셨어요?

내일까지 숙제를 내라고 하셨어요.

# 으러/러

| 동사 | 보다 | 먹다 |
|------|------|------|
|      | 보러 | 먹으러 |

**1.** '오다, 가다, 다니다' 등과 함께 쓰여 무엇을 하기 위해 오고 가는 것을 나타낸다.

与'오다, 가다, 다니다'等, 一起使用, 表示为了做某事来, 去。

> 예 영화를 보러 극장에 갔어요. 为了看电影, 去了电影院。
> 밥을 먹으러 식당에 가요. 为了吃饭, 去餐厅。
> 한국어를 배우러 한국에 왔어요. 为了学习韩国语, 来到了韩国。

**2.** 불규칙의 경우는 다음과 같다.

不规则变化如下。

> 예 친구 집에 놀러 갔어요. (놀다) 为了玩儿, 去了朋友家。

어디에 가요?

돈을 찾으러 은행에 가요.

---

### 더 생각해보기

'(으)러'와 '(으)려고'의 차이 ('(으)려고' → 137쪽 참고)

'(으)러'与 '(으)려고'的区别 ('(으)려고' → 参考137页)

'(으)러'는 '가다, 오다, 다니다' 등과 같이 써야 하지만, '(으)려고'는 모든 동사와 같이 쓸 수 있다.

'(으)러'与'가다, 오다, 다니다'等, 一起使用, 但'(으)려고'能与所有的动词一起使用。

> 예 책을 빌리러 도서관에 갔어요. (○) 为了借书, 去了图书馆。
> 책을 빌리려고 도서관에 갔어요. (○) 为了借书, 去了图书馆。
> 공부하러 한국어 책을 샀어요. (×)
> 공부하려고 한국어 책을 샀어요. (○) 为了学习, 买了韩国语书。

# 으려고/려고

| 동사 | 보다 | 먹다 |
|------|------|------|
|      | 보려고 | 먹으려고 |

**1.** [A (으)려고 B] A를 위해서 B를 하는 것을 나타낸다.

[A (으)려고 B] 表示为了先行句A，做了后行句B。

> 예 한국어를 배우**려고** 한국에 왔어요. 为了学习韩国语，来到了韩国。
> 여행을 가**려고** 비행기 표를 예약했어요. 为了去旅行，订了飞机票。
> 사진을 찍으**려고** 카메라를 새로 샀어요. 为了照相，买了新相机。

**2.** 불규칙의 경우는 다음과 같다.

不规则变化如下。

> 예 음악을 들으려고 라디오를 켰어요. (듣다) 为了听音乐，打开了收音机。
> 고향 음식을 만들려고 시장에 다녀왔어요. (만들다) 为了做家乡菜，去了市场。
> 좋은 집을 지으려고 돈을 모으고 있어요. (짓다) 为了盖好房子，正在攒钱。

방학 때 여행을 가려고 돈을 모았어요.

그래요? 어디로 갈 거예요?

### 더 생각해보기

‘(으)려고’와 ‘(으)러’의 차이 (‘(으)러’ → 136쪽 참고)
‘(으)러’与 ‘(으)려고’的区别 (‘(으)러’ → 参考136页)

‘(으)러’는 ‘가다, 오다, 다니다’ 등과 같이 써야 하지만, ‘(으)려고’는 모든 동사와 같이 쓸 수 있다.

‘(으)러’与‘가다, 오다, 다니다’等，一起使用，但‘(으)려고’能与所有的动词一起使用。

> 예 책을 빌리러 도서관에 갔어요. (○) 为了借书，去了图书馆。
> 책을 빌리려고 도서관에 갔어요. (○) 为了借书，去了图书馆。
> 공부하러 한국어 책을 샀어요. (×)
> 공부하려고 한국어 책을 샀어요. (○) 为了学习，买了韩国语书。

## 으려고 하다/려고 하다

| 동사 | 보다 | 먹다 |
|------|------|------|
|      | 보려고 하다 | 먹으려고 하다 |

**1.** 어떤 일을 할 계획이 있음을 나타낸다.

表示有计划做某事。

> **예** 지금 출발하**려고 해요.** 现在准备出发。
>
> 이제 점심을 먹**으려고 해요.** 现在准备吃午饭。

**2.** '(으)려고 했다'는 과거에 계획한 일을 나타내는데 보통 그 일이 잘되지 않았음을 나타낸다.

'(으)려고 했다'表示在过去计划做的某事没有实现时使用。

> **예** 지난 주말에 영화를 보**려고 했어요.** 하지만 표가 없어서 못 봤어요. 上周末打算看电影。但是因为没有票，没看成。
>
> 어제 공부하**려고 했는데** 너무 피곤해서 그냥 잤어요. 昨天打算学习，但是因为太累所以睡了。

**3.** '(으)려고 하다' 앞에는 과거 '았/었'을 쓰지 않는다.

在'(으)려고 하다'前面不能使用过去'았/었'。

> **예** 지난 주말에 영화를 보**려고 했어요.** (○) 上周末打算看电影。
>
> 지난 주말에 영화를 봤으려고 했어요. (×)
>
> 어제 공부하**려고 했는데** 못 했어요. (○) 昨天打算学习，但是没学成。
>
> 어제 공부했으려고 했는데 못 했어요. (×)

**4.** 불규칙의 경우는 다음과 같다.

不规则变化如下。

> **예** 음악을 들으려고 했는데 라디오가 고장났어요. (듣다) 打算听音乐，但是收音机坏了。
>
> 고향 음식을 만들려고 해요. (만들다) 打算做家乡菜吃。
>
> 여기에 큰 건물을 지으려고 합니다. (짓다) 打算在这里建大房子。

오늘 뭐 해요?

쇼핑하려고 해요.

더 생각해보기

'(으)려고 하다'와 '(으)ㄹ까 하다'의 차이 ('(으)ㄹ까 하다' → 196쪽 참고)
'(으)려고 하다'与 '(으)ㄹ까 하다'的区别 ('(으)ㄹ까 하다' → 参考196页)

'(으)ㄹ까 하다'와 '(으)려고 하다' 모두 미래 계획을 의미하지만 '(으)려고 하다'는 '(으)ㄹ까 하다'에 비해 실현 가능성이 높을 때 사용한다.
'(으)ㄹ까 하다'与 '(으)려고 하다'都是表示未来的计划，但'(으)려고 하다'比起 '(으)ㄹ까 하다'实现性要强。

예 저는 방학에 여행을 하려고 해요. (가능성이 높음) 假期我打算去旅行。(可能性强)

저는 방학에 여행을 할까 해요. (가능성이 낮음) 假期我想去旅行。(可能性弱)

ㄱ
ㄴ
ㄷ
ㅁ
ㅂ

ㅅ
ㅇ

ㅈ
ㅊ
ㅎ

# 으려면/려면

| 동사 | 보다 | 먹다 |
|---|---|---|
| | 보려면 | 먹으려면 |

**1.** [A (으)려면 B] '(으)려고 하다+(으)면'의 형태로 A에는 미래의 계획이나 의도
에 대한 가정이 오고 B에는 그것을 만족시킬 수 있는 방법이나 조건이 온다.
[A (으)려면 B] 以 '(으)려고 하다+(으)면'的形态，A表示对未来的计划
或意图，B表示可以满足A的方法或条件。

> **예** 물건을 싸게 **사려면** 할인기간까지 기다리세요. 要想买到优惠的东西，请等到打
> 折期间。
> 운전을 **하려면** 면허증이 있어야 해요. 要想开车，就需要有驾照。
> 김 선생님을 만나**려면** 교실로 가 보세요. 要想见金老师，请到教室看看。

운동을 잘하고 싶은데요.

운동을 잘하려면 열심히 연습해야 해요.

# 으로/로1

| 명사 | 학교 | 집 | 서울 |
|------|------|-----|------|
|  | 학교로 | 집으로 | 서울로 |

**1.** 도착하는 곳, 방향을 나타낸다.

表示达到的地方和方向。

> 예 9시까지 학교로 오세요. 请9点到学校。
> 저는 집으로 갈게요. 我要回家。
> 이 기차는 1시에 서울로 출발합니다. 这个火车1点向首尔出发。
> 여기에서 오른쪽으로 가면 우체국이 있어요. 从这里向右走就是邮局。

**2.** '가다, 오다, 출발하다' 등과 같이 쓴다.

与'가다, 오다, 출발하다'等，一起使用。

> 예 학생들이 교실로 가고 있어요. 学生们往教室里走。
> 이쪽으로 오세요. 请向这边来。
> 부산으로 출발하는 기차는 어디에서 타요? 开往釜山的火车在哪里坐啊?

서울역으로 가려면 어디로 나가야 해요?

3번 출구로 나가세요.

**더 생각해보기**

'으로/로'와 '에2'의 차이 ('에2' → 116쪽 참고)
'으로/로'与 '에2'的区别 ('에2' → 参考116页)

'에'와 '(으)로' 모두 도착 장소를 나타내지만 '(으)로'는 '에'보다 방향을 좀 더 강조할 때 쓴다. 따라서 '에'는 가장 마지막 도착 장소인 경우가 많지만 '(으)로'는 마지막 장소를 위해 거쳐 가는 지점을 나타내기도 한다.
'에'与 '(으)로'都表示到达的场所, 但 '(으)로'比起'에'更加强调方向, 所以'에'常常使用在最终到达的地点时使用, '(으)로'使用在到达目的地前的方向。

**예** 오른쪽으로 가면 서울역이 나와요. (○) 向左走，就是首尔站。
   (마지막 목적지는 서울역, '오른쪽으로'는 서울역으로 가기 위해 거쳐 가는 방향)
   (最终的目的地是首尔站，'向左走'是为了去首尔站的方向)
   오른쪽에 가면 서울역이 나와요. (×)

# 으로/로2

| 명사 | 버스 | 손 | 연필 |
|------|------|-----|------|
|      | 버스**로** | 손**으로** | 연필**로** |

**1.** 어떤 일을 할 때 사용되는 물건이나 방법을 나타낸다.

在做某事时使用的东西或方法。

> 예 학교에 버스**로** 가요. 坐汽车去学校。
>
> 이 음식은 젓가락**으로** 먹어요. 这道菜用筷子吃。
>
> 아이들이 연필**로** 편지를 써요. 孩子们用铅笔写信。

학교에 어떻게 가요?

버스로 가요.

# 으로/로3

| 명사 | 우유 | 콩 | 쌀 |
|------|------|------|------|
| | 우유로 | 콩으로 | 쌀로 |

**1.** 어떤 물건을 만들 때 사용되는 것을 나타낸다.

表示做某事时使用的东西。

> 예 치즈는 우유로 만들어요. 奶酪是用牛奶做的。
> 콩으로 두부를 만들었어요. 用黄豆做了豆腐。
> 쌀로 떡을 만들어요. 用米来做粘糕。

**2.** '만들다, 되다' 등과 같이 쓰인다.

与'만들다，되다'等，一起使用。

> 예 이 음식은 소고기로 만들어요. 这道菜是用牛肉做的。
> 이 책상은 나무로 되어 있어요. 这本书是用木材做的。

이 상자는 무엇으로 만든 거예요?

나무로 만든 거예요.

# 으로/로4

| 명사 | 카드 | 현금 | 지하철 |
|------|------|------|--------|
| | 카드로 | 현금으로 | 지하철로 |

**1.** 여러 가지 중에서 그것을 선택했음을 나타낸다.

表示在众多里选择了一项。

예 가 : 오늘은 뭘 먹을까요? 今天吃什么啊?
　　나 : 한식**으로** 합시다. 吃韩国料理吧。

　　가 : 어떻게 계산하시겠어요? 怎么结账啊?
　　나 : 카드**로** 하겠습니다. 用信用卡来结。

**2.** '하다, 주다' 등과 자주 쓴다.

与'하다, 주다'等, 一起使用。

예 가 : 뭘 드시겠어요? 想点点儿什么啊?
　　나 : 저는 녹차**로 하겠습니다**. 我想要绿茶。

　　가 : 어느 좌석**으로 드릴까요**? 为您订什么位置?
　　나 : 창가 쪽**으로 주세요**. 请给我靠窗的位置。

몇 시에 회의를 할까요?

내일 오전 10시로 합시다.

# 으로/로5

| 명사 | 운동화 | 가방 | 지하철 |
|---|---|---|---|
| | 운동화**로** | 가방**으로** | 지하철**로** |

**1.** 어떤 것에 변화를 주거나 바꿀 때 쓴다.

表示变化，或换某事时使用。

> 예 한국 돈**으로** 환전해 주세요. 请换成韩币。
>
> 여기에서 지하철**로** 갈아타세요. 请在这里换乘地铁。

**2.** '바꾸다, 갈아타다, 갈아입다, 갈아 신다, 환전하다' 등의 동사와 자주 쓴다.

常与动词'바꾸다，갈아타다，갈아입다，갈아 신다，환전하다'等，一起使用。

> 예 조금 더 큰 가방**으로** **바꿔** 주시겠어요? 可以换一个大一点儿的箱子吗?
>
> 여기에서 지하철 5호선**으로** **갈아타세요**. 请在这里换乘5号线。
>
> 두꺼운 옷**으로** **갈아입으세요**. 请换穿厚衣服。
>
> 편한 운동화**로** **갈아 신으세요**. 请换穿舒适的运动鞋。
>
> 이 돈을 달러**로** **환전해** 주세요. 请把这些钱换成美元。

동대문 시장에 어떻게 가요?

여기에서 지하철 4호선으로 갈아타세요.

# 으면/면

| 동사/형용사 | 오다 | 먹다 | 예쁘다 | 많다 |
|---|---|---|---|---|
| | 오면 | 먹으면 | 예쁘면 | 많으면 |

**1.** [A (으)면 B] B를 하기 위해서는 A가 있어야 한다. 이때 A는 B의 조건이나 가정이 된다.

[A (으)면 B] 表示为了B，A存在。这时的A是B的条件或假设。

> 예 주말에 시간이 있**으면** 같이 영화를 봐요. 周末有时间的话，一起看电影吧。
> 머리가 아프**면** 약을 드세요. 头疼的话，吃药吧。
> 저는 돈이 많**으면** 세계 여행을 하고 싶어요. 如果我钱多的话，想周游世界。
> 내일 눈이 많이 **오면** 학교에 오지 마세요. 明天要是雪下的大，就不要来学校了。

**2.** 과거 '았/었'과 함께 쓸 때는 과거의 아쉬움을 나타낸다.

与过去'았/었'一起使用时，表示对过去的遗憾。

> 예 평소에 공부를 열심히 **했으면** 시험을 잘 봤을 거예요. 平时要是好好学习的话，考试就能考好了。
> 키가 **컸으면** 농구 선수가 되었을 텐데 좀 아쉬워요. 个子高的话就能当篮球选手了，有些遗憾。

**3.** '(으)면' 앞에 명사가 오면 '(이)면'으로 쓴다.

名词位于'(으)면'前面时，变为'(이)면'。

> 예 휴가철**이면** 항상 비행기 표를 사기가 어려워요. 到了度假期，飞机票总是很难买。
> 지금이 방학**이면** 여행을 갔을 거예요. 现在要是放假的话，我就去旅行了。

**4.** 불규칙의 경우는 다음과 같다.

不规则变化如下。

> 예 음식을 다 만들면 친구하고 같이 먹을 거예요. (만들다) 做完料理，要和朋友一起吃。
> 날씨가 더우면 에어컨을 켜세요. (덥다) 天气要是热的话请开空调。
> 음악을 들으면 기분이 좋아져요. (듣다) 听音乐的话心情就好了。
> 집을 다 지으면 놀러 오세요. (짓다) 要是盖好房子的话请来玩儿。

내일 뭐 할 거예요?

날씨가 좋으면 등산을 할 거예요.

**더 생각해보기**

- '(으)면'과 '다면'의 차이 ('다면' → 중급 참고)
  '(으)면'与'다면'的区别 ('다면' → 参考中级)
  '(으)면'은 '다면'보다 일어날 가능성이 더 클 때 사용한다.
  '(으)면'比起'다면'表示发生的可能性更大。

  **예** 세계 여행을 하면 정말 재미있을 거예요. (일어날 가능성이 큼) 去环游世界
  一定很有趣。(发生的可能性大)
  세계 여행을 한다면 정말 재미있을 거예요. (일어날 가능성이 적음) 去环游
  世界一定很有趣。(发生的可能性小)

- '(으)면'과 '(으)려면'의 차이 ('(으)려면' → 140쪽 참고)
  '(으)면'与'(으)려면'的区别 ('(으)려면' → 参考140页)
  [A (으)려면 B]의 경우에는 B가 조건이 되고 [A (으)면 B]의 경우에는 A가 조건이
  된다.
  [A (으)려면 B]的情况下B为条件，[A (으)면 B]的情况下A为条件。

  **예** 해외여행을 가려면 여권이 있어야 해요. 要想去海外旅行，需要有护照。
  여권이 있으면 해외여행을 갈 수 있어요. 有护照就可以去海外旅行。

# 으면 되다/면 되다

| 동사/형용사 | 쓰다 | 먹다 | 크다 | 작다 |
|---|---|---|---|---|
| | 쓰면 되다 | 먹으면 되다 | 크면 되다 | 작으면 되다 |

**1.** 어떤 사실이나 상황만 만족이 되면 다른 것은 필요 없음을 나타낸다.

表示对某事实，或状况满意不需要其它时使用。

> 예 가 : 학교에 9시까지 가야 해요? 9点要到学校吗?
> 나 : 아니요, 10시까지만 **오면 돼요**. 不用，10点到就可以。
>
> 가 : 서류에 주소도 써야 해요? 在材料上要写地址吗?
> 나 : 아니요, 전화번호만 **쓰면 돼요**. 不用，只写电话号码就可以。

**2.** '(으)면 되다' 앞에 명사가 오면 '(이)면 되다'로 쓴다.

名词位于'(으)면 되다'前面时，变为'(이)면 되다'。

> 예 가 : 도서관은 한국 학생만 이용할 수 있어요? 图书馆只有韩国学生才能使用吗?
> 나 : 아니요, 우리 학교 학생**이면 돼요**. 不是，我们学校的学生都可以使用。

**3.** 불규칙의 경우는 다음과 같다.

不规则变化如下。

> 예 이것만 만들면 돼요. (만들다) 只做这个就可以了。
> 여기에서 조금만 더 걸으면 돼요. (걷다) 从这儿开始，再走一会儿就到了。
> 설탕을 넣고 저으면 돼요. (젓다) 放进白糖，搅拌就可以了。

언제 퇴근해요?

이것만 끝내면 돼요.

# 으면 안 되다/면 안 되다

| 동사/형용사 | 피우다 | 읽다 | 아프다 | 작다 |
|---|---|---|---|---|
| | 피우면 안 되다 | 읽으면 안 되다 | 아프면 안 되다 | 작으면 안 되다 |

**1.** 어떤 상황이나 상태를 허용하지 않음을 나타낸다.

表示对状况，或状态不允许时使用。

> 예 여기에서 수영하**면 안 돼요**. 不可以在这里游泳。
> 교실에서 담배를 피우**면 안 돼요**. 不可以在教室吸烟。
> 두 사람이 살아야 하니까 방이 너무 작**으면 안 돼요**. 两个人生活，所以房间不可以太小了。

**2.** '아도/어도 돼요?'의 부정적인 대답으로 쓸 수 있다. ('아도/어도 되다' → 96쪽 참고)

是'아도/어도 돼요?'的否定回答。 ('아도/어도 되다' → 参考96页)

> 예 가 : 극장에서 영화를 볼 때 전화를 해도 돼요?
> 　　　 在电影院里看电影的时候，可以打电话吗?
> 나 : 아니요, 전화를 하**면 안 돼요**. 不可以打电话。
>
> 가 : 하숙집이 학교에서 좀 멀어도 돼요? 寄宿离学校远点儿可以吗?
> 나 : 아니요, 멀**면 안 돼요**. 不行，不可以。

**3.** 불규칙의 경우는 다음과 같다.

不规则变化如下。

> 예 기숙사에서 음식을 만들**면 안 돼요**. (만들다) 不可以在寝室做饭。
> 음식이 너무 매우**면 안 돼요**. (맵다) 菜不可以太辣。
> 음악을 너무 크게 들으**면 안 돼요**. (듣다) 不可以大声听音乐。
> 라면을 끓일 때 물을 너무 많이 부으**면 안 돼요**. (붓다) 煮拉面时，不可以放太多的水。

박물관에서 사진을 찍어도 돼요?

아니요, 사진을 찍으면 안 돼요.

# 으면서/면서

| 동사/형용사 | 보다 | 읽다 | 예쁘다 | 작다 |
|---|---|---|---|---|
| | 보면서 | 읽으면서 | 예쁘면서 | 작으면서 |

**1.** [A (으)면서 B] A와 B가 동사일 때, A와 B가 동시에 이루어지고 있음을 나타 낸다.

[A (으)면서 B] A与B为动词时，表示A与B同时进行。

> 예 책을 읽**으면서** 커피를 마셔요. 一边看书，一边喝咖啡。
> 저는 텔레비전을 보**면서** 식사를 합니다. 我一边看电视，一边吃饭。

**2.** [A (으)면서 B] A와 B가 형용사일 때, A와 B 두 가지 상태가 함께 있음을 나 타낸다.

[A (으)면서 B] A与B为形容词时，表示A与B的状态相同。

> 예 이 컴퓨터는 크기도 작**으면서** 값도 싸요. 这部电脑体积又小，价格又便宜。
> 방이 깨끗하**면서** 넓어요. 房间又干净，又宽敞。

**3.** [A (으)면서 B] A와 B는 주어가 같아야 한다.

[A (으)면서 B] A与B的主语要相同。

> 예 (저는) 영화를 보**면서** (저는) 음료수를 마셔요. (我)一边看电影，(我)一边喝饮料。
> (친구가) 전화를 하**면서** (친구가) 게임을 해요. (朋友)一边打电话，(朋友)一边 打游戏。

**4.** '(으)면서' 앞에 명사가 오면 '(이)면서'로 쓴다.

名词位于'(으)면서'前面时，变为 '(이)면서'。

> 예 저 사람은 회사원**이면서** 학생이에요. 那个人即是公司职员，又是学生。

**5.** 불규칙의 경우는 다음과 같다.

不规则变化如下。

> 예 저는 한국에 살면서 공부해요. (살다) 我在韩国一边学习，一边生活。
> 저는 음악을 들으면서 책을 읽어요. (듣다) 我一边听音乐，一边看书。
> 국을 저으면서 끓이세요. (젓다) 汤要一边搅拌一边煮。

유리 씨, 지금 뭐 하고 있어요?

드라마를 보면서 밥을 먹고 있어요.

# 으세요/세요 1

| 동사 | 가다 | 앉다 |
|------|------|------|
|      | 가세요 | 앉으세요 |

**1.** 듣는 사람에게 부드럽게 명령하거나 권유할 때 쓴다.

向听话人委婉的命令或劝诱时使用。

> 예 여기에 앉**으세요**. 请坐这里。
> 오늘은 집에 일찍 가**세요**. 今天请早点儿回家。
> 심심할 때 전화하**세요**. 无聊时请打电话。

**2.** '먹다/마시다, 자다, 있다'의 경우에는 '드시다, 주무시다, 계시다'로 쓴다.

'먹다/마시다, 자다, 있다'的情况下用'드시다, 주무시다, 계시다'。

> 예 맛있게 **드세요**. 请吃好。
> 안녕히 **주무세요**. 晚安。
> 안녕히 **계세요**. 再见。

**3.** 금지의 명령으로 사용될 때는 '지 마세요'로 쓴다. ('지 말다' → 227쪽 참고)

表示命令禁止时用'지 마세요'。('지 말다' → 参考227页)

> 예 여기에 앉**지 마세요**. 不要坐在这里。
> 여기에서 사진을 찍**지 마세요**. 不要在这里照相。

**4.** 비슷한 표현으로 '(으)십시오'가 있다. '(으)세요'는 '(으)십시오'보다 좀 더 부드러운 표현으로 실생활에서 자주 쓴다. ('(으)십시오' → 159쪽 참고)

类似的语法有'(으)십시오'。'(으)세요'比起'(으)십시오'更加委婉，日常生活中经常使用。('(으)십시오' → 参考159页)

> 예 빨리 **오세요**. 请快点儿来。
> 빨리 **오십시오**. 请快点儿来。

**5.** 불규칙의 경우는 다음과 같다.

不规则变化如下。

> 예 창문을 여세요. (열다) 请打开窗户。
> 공원에서 좀 걸으세요. (걷다) 请在公园散步。
> 감기 빨리 나으세요. (낫다) 感冒快点儿好吧。

일이 너무 많아서 피곤해요.

그럼, 좀 쉬세요.

# 으세요/세요2

| 동사/형용사 | 보다 | 읽다 | 예쁘다 | 작다 |
|---|---|---|---|---|
| | 보세요 | 읽으세요 | 예쁘세요 | 작으세요 |

**1.** '아요/어요1'의 높임이다. '(으)시+아요/어요'가 '(으)시어요'가 되고 그것을 줄인 말이 '(으)세요'이다. ('(으)시' → 157쪽 참고, '아요/어요1' → 104쪽 참고) 是'아요/어요1'的敬语形式。'(으)시+아요/어요'变为'(으)시어요'变为'(으)세요'。('(으)시' → 参考157页，'아요/어요1' → 参考104页)

> 예 아버지께서 신문을 보**세요** 爸爸在看报纸。
> 어머니께서 지금 뭐 하**세요**? 妈妈在干什么？
> 할아버지께서 오늘 기분이 좋**으세요** 今天爷爷心情很好。

**2.** '먹다/마시다, 자다, 있다'의 경우에는 '드시다, 주무시다, 계시다'로 쓴다. '먹다/마시다, 자다, 있다'的情况，变为'드시다, 주무시다, 계시다'。

> 예 아버지께서 아침을 **드세요** (○) 爸爸在吃早饭。
> 아버지께서 아침을 먹으세요. (×)
> 어머니께서 **주무세요** (○) 妈妈在睡觉。
> 어머니께서 자세요. (×)
> 할머니께서 집에 **계세요** (○) 奶奶在家。
> 할머니께서 집에 있으세요. (×)

**3.** 스스로를 높이는 경우는 없으므로 주어가 '나(저), 우리'일 때는 쓸 수 없다. 主语为'나(저), 우리'时不能使用。

> 예 아버지께서 신문을 보**세요** (○) 爸爸在看报纸。
> 저는 신문을 보세요. (×)

**4.** '(으)세요' 앞에 명사가 오면 '(이)세요'로 쓴다. 名词位于'(으)세요'前面时，变为'(이)세요'。

> 예 저분이 저희 선생님 **이세요** 那位是我们的老师。
> 이분이 저희 할아버지**세요** 这位是我的爷爷。

**5.** '있다/없다'가 소유의 의미일 때는 '계시다/안 계시다'가 아니라 '있으시다/없으시다'로 쓴다.

'있다/없다'为所有的意思时，变为'있으시다/없으시다'。

> **예** 할아버지께서는 직업이 **없으세요**. (○) 爷爷没有职业。
> 할아버지께서는 직업이 안 계세요. (×)
> 아버지께서는 차가 두 대 **있으세요**. (○) 爸爸有两辆车。
> 아버지께서는 차가 두 대 계세요. (×)

**6.** 불규칙의 경우는 다음과 같다.

不规则变化如下。

> **예** 아버지께서 한국에 사세요. (살다) 爸爸生活在韩国。
> 어머니께서 아름다우세요. (아름답다) 妈妈很美丽。
> 할머니께서 음악을 들으세요. (듣다) 奶奶听音乐。
> 아버지께서 집을 지으세요. (짓다) 爸爸盖房子。

아버지께서 무슨 일을 하세요?

회사원이세요.

# 으시/시

| 동사/형용사 | 오다 | 찾다 | 예쁘다 | 많다 |
|---|---|---|---|---|
| | 오시다 | 찾으시다 | 예쁘시다 | 많으시다 |

**1.** 주어를 높일 때 사용한다.

表示对主语的尊敬时使用。

> 예 선생님께서 책을 읽**으십**니다. (읽다+(으)시+ㅂ니다) 老师在看书。
> 오늘 오후에 부모님이 한국에 **오실** 거예요. (오다+(으)시+ㄹ 거예요) 今天下午
> 父母将来到韩国。
> 어제 할아버지께서 옷을 **사셨**어요. (사다+(으)시+었어요) 昨天爷爷买了衣服。
> 어머니께서는 요리하**시고** (하다+(으)시+고) 저는 청소할 거예요. 妈妈在做饭,
> 我要打扫房间。

**2.** '먹다/마시다, 자다, 있다, 죽다, 아프다'의 경우에는 '드시다, 주무시다, 계시
다, 돌아가시다, 편찮으시다'로 쓴다.

'먹다/마시다, 자다, 있다, 죽다, 아프다'的情况下, 变为'드시다, 주무
시다, 계시다, 돌아가시다, 편찮으시다'来使用。

> 예 아버지께서 아침을 **드셨**어요. 爸爸吃了早饭。
> 어머니께서 **주무십**니까? 妈妈在睡觉吗?
> 할머니께서 집에 **계십**니다. 奶奶在家里。
> 할아버지께서 언제 **돌아가셨**습니까? 爷爷什么时候去逝的?
> 어머니께서 **편찮으십**니다. 妈妈生病了。

**3.** '(으)시' 앞에 명사가 오면 '(이)시'로 쓴다.

名词位于'(으)시' 前面时, 变为 '(이)시'。

> 예 저분이 선생님**이십**니까? 那位是老师吗?
> 이분이 저희 할아버지**십**니다. 这位是我的爷爷。

**4.** 불규칙의 경우는 다음과 같다.

不规则变化如下。

> 예 어머니께서 빵을 만드십니다. (만들다) 妈妈在做面包。
> 할머니께서 아주 고우십니다. (곱다) 奶奶很美丽。
> 할아버지께서 한국 노래를 들으셨어요. (듣다) 爷爷听了韩国歌曲。
> 어머니께서 다리가 많이 부으셨어요. (붓다) 妈妈的腿很肿。

부모님께서 언제 한국에 오십니까?

다음 주에 오십니다.

# 으십시오/십시오

| 동사 | 보다 | 읽다 |
|------|------|------|
|      | 보십시오 | 읽으십시오 |

**1.** 듣는 사람에게 공식적으로 명령하거나 권유할 때 쓴다.

表示向听话人正式的命令和劝诱时使用。

> 예 책을 읽**으십시오** 请念书。
> 다음을 듣고 물음에 답하**십시오** 听完后请回答。
> 이쪽으로 가**십시오** 请向这边走。

**2.** '먹다/마시다, 자다, 있다'의 경우에는 '드시다, 주무시다, 계시다'로 쓴다.

'먹다/마시다, 자다, 있다'的情况下, 变为'드시다, 주무시다, 계시다'来使用。

> 예 천천히 **드십시오** 请慢慢吃。
> 안녕히 **주무십시오** 晚安。
> 안녕히 **계십시오** 再见。

**3.** 금지의 명령으로 사용될 때는 '지 마십시오'로 쓰인다. ('지 말다' → 227쪽 참고)

表示禁止的命令时, 用'지 마십시오'来使用。('지 말다' → 参考227页)

> 예 박물관에서는 사진을 찍**지 마십시오** 不可以在博物馆照相。
> 이곳에서 담배를 피우**지 마십시오** 不可以在这里抽烟。

**4.** 비슷한 표현으로 '(으)세요'가 있다. '(으)십시오'는 '(으)세요'보다 좀 더 공식적인 표현이다. ('(으)세요1' → 153쪽 참고)

类似的语法有'(으)세요'。'(으)십시오'比 '(으)세요'更加正式。 ('(으)세요1' → 参考153页)

> 예 빨리 오**십시오** 请快点儿来。
> 빨리 오**세요** 请快点儿来。

**5.** 불규칙의 경우는 다음과 같다.

不规则变化如下。

> 📄 창문을 여십시오. (열다) 请打开窗户。
> 쓰레기를 주우십시오. (줍다) 请拾起垃圾。
> 식사 후에는 좀 걸으십시오. (걷다) 吃过饭后请散步。

제가 읽을까요?

네, 읽으십시오.

# 은 것 같다/ㄴ 것 같다1

| 동사 | 가다 | 먹다 |
|------|------|------|
|      | 간 것 같다 | 먹은 것 같다 |

**1.** 현재 상황을 보거나 들은 후에 과거에 어떤 일이 있었는지 추측할 때 사용한다.

表示根据现在看到的，或听到的状况，对过去的事情进行推测时使用。

> 예 친구가 밥을 많이 먹**은 것 같아요.** 朋友好像吃了很多饭.
> 밖에 눈이 많이 **온 것 같아요.** 外边好像下了很多雪.

**2.** 과거에 일어난 일에 대해 말하는 사람의 생각을 좀 더 부드럽게 표현할 때 쓴다.

表示说话人对过去发生的事情的想法委婉表达时使用。

> 예 제가 감기에 걸**린 것 같아요.** 我好像是感冒了.
> 컴퓨터가 고장이 **난 것 같아요.** 电脑好像出故障了.

**3.** 불규칙의 경우는 다음과 같다.

不规则变化如下。

> 예 유리 씨가 이 빵을 만든 것 같아요. (만들다) 好像是刘丽做了这个面包.
> 영호 씨가 어제 많이 걸은 것 같아요. (걷다) 荣浩昨天好像走了很久.
> 저 아파트는 오래 전에 지은 것 같아요. (짓다) 那个楼房好像是很久前建的.

민수 씨가 이번 시험을 아주 잘 봤지요?

네, 열심히 공부한 것 같아요.

'(으)ㄴ 것 같다'와 '는 것 같다', '(으)ㄹ 것 같다'의 차이

('는 것 같다' → 42쪽 참고, '(으)ㄹ 것 같다1' → 179쪽 참고)

'(으)ㄴ 것 같다1'与 '는 것 같다', '(으)ㄹ 것 같다1'的区别

('는 것 같다' → 参考42页, '(으)ㄹ 것 같다1' → 参考179页)

1) '(으)ㄴ 것 같다'와 '는 것 같다', '(으)ㄹ 것 같다'는 모두 동사와 함께 쓰여 각각 과거, 현재, 미래의 추측을 나타낸다.

'(으)ㄴ 것 같다'与 '는 것 같다', '(으)ㄹ 것 같다'都与动词链接分别表示 过去, 现在, 未来的推测。

> **예** 비가 온 것 같아요. (과거 추측) 好像下过雨了。(过去推测)
> 비가 오는 것 같아요. (현재 추측) 好像在下雨。(现在推测)
> 비가 올 것 같아요. (미래 추측) 好像要下雨。(未来推测)

2) '(으)ㄴ 것 같다'와 '았을/었을 것 같다'는 모두 과거에 대한 추측이지만 어느 정도 근거가 있는 경우에는 '(으)ㄴ 것 같다'를 사용하고 근거가 없이 막연한 추측일 경우에는 '았을/었을 것 같다'를 사용한다.

'(으)ㄴ 것 같다'与 '았을/었을 것 같다'都是表示过去的推测, 但在有依据 的情况下用'(으)ㄴ 것 같다', 相反, 没有依据的情况下茫然的推测时用 '았을/었을 것 같다'。

> **예** 민수 씨가 도착한 것 같아요. 民秀可能到了。
> (교실 안에서 민수 씨의 목소리가 들림) (在教室里听到外边民秀的声音)
> 민수 씨가 도착했을 것 같아요. 民秀可能到了。
> (수업 시작 시간이 지났으니까 그럴 것이라고 막연히 추측함) (上课的时间 已经过了, 所以茫然的推测)

# 은 것 같다/ㄴ 것 같다2

| 형용사 | 크다 | 좋다 |
|---|---|---|
| | 큰 것 같다 | 좋은 것 같다 |

**1.** 어떤 사실을 보거나 들은 후에 그 상태를 추측할 때 쓴다.

表示对看到的或听到的事实的状态推测时使用。

> 예 요즘 우리 선생님이 기분이 **좋은 것 같아요**. 最近我们老师的心情好像很好。
> 영호 씨가 오늘 좀 **바쁜 것 같아요**. 荣浩今天好像有些忙。

**2.** 말하는 사람의 생각을 좀 더 부드럽게 표현할 때 쓴다.

委婉的表达说话人的想法时使用。

> 예 그 신발은 별로 안 **예쁜 것 같아요**. 那双鞋好像不太好看。
> 머리가 좀 **아픈 것 같아요**. 头有些疼。
> 이 옷이 좀 **큰 것 같아요**. 这件衣服好像有点大。

**3.** '있다, 없다'는 '는 것 같다'를 쓴다.

'있다, 없다'可以接'는 것 같다'来使用。

> 예 이 음식은 맛이 **없는 것 같아요**. 这道菜好像不好吃。
> 이 책이 좀 재미**있는 것 같아요**. 这本书好像很有意思。

**4.** 불규칙의 경우는 다음과 같다.

不规则变化如下。

> 예 그 옷이 너무 긴 것 같아요. (길다) 这件衣服好像有些长。
> 오늘 좀 추운 것 같아요. (춥다) 今天好像有点冷。
> 우리 선생님 성격이 어떤 것 같아요? (어떻다) 我们老师的性格看起来怎么样?

제가 신은 신발이 어때요?

좀 작은 것 같은데요.

# 은 다음에/ㄴ 다음에

| 동사 | 보다 | 읽다 |
|------|------|------|
|      | 본 다음에 | 읽은 다음에 |

**1.** [A (으)ㄴ 다음에 B] A가 끝난 후에 B를 할 때 사용한다.

[A (으)ㄴ 다음에 B] 先行句A结束后，做后行句B时使用。

> 예 숙제를 **한 다음에** 게임을 해요. 先做作业然后打游戏。
> 밥을 먹은 **다음에** 커피를 마셔요. 先吃饭然后喝咖啡。

**2.** 비슷한 표현으로 '(으)ㄴ 후에', '(으)ㄴ 뒤에'가 있다. ('(으)ㄴ 후에' → 168쪽 참고)

类似的语法有'(으)ㄴ 후에', '(으)ㄴ 뒤에'。 ('(으)ㄴ 후에' → 参考168页)

> 예 밥을 먹은 **다음에** 운동을 해요. 吃完饭后，做运动。
> 밥을 먹은 **후에** 운동을 해요.
> 밥을 먹은 **뒤에** 운동을 해요.

**3.** 불규칙의 경우는 다음과 같다.

不规则变化如下。

> 예 창문을 연 다음에 청소를 해요. (열다) 打开窗户后，打扫卫生。
> 노래를 먼저 들은 다음에 따라 부르세요. (듣다) 请先听完歌曲之后，跟着唱。
> 집을 다 지은 다음에 집들이를 하겠습니다. (짓다) 盖完房子之后，邀请大家。

언제 숙제를 할 거예요?

청소를 한 다음에 숙제를 할 거예요.

# 은 적이 있다[없다]/ㄴ 적이 있다[없다]

| 동사 | 가다 | 먹다 |
|------|------|------|
|      | 간 적이 있다[없다] | 먹은 적이 있다[없다] |

**1.** 과거의 경험이 있고 없음을 나타낸다.

表示过去有无经验时使用。

> **예** 한국 음식을 먹은 **적이 있어요.** 吃过韩国料理。
> 저는 제주도에 **간 적이 있어요.** 去过济州岛。
> 한복을 입은 **적이 없어요.** 没穿过韩服。
> 도서관에서 책을 빌린 **적이 없어요.** 在图书馆没借过书。

**2.** '아/어 보다'와 함께 써서 '아/어 본 적이 있다[없다]'로 자주 쓴다.
('아/어 보다' → 88쪽 참고)

与'아/어 보다'一起使用, 变为'아/어 본 적이 있다[없다]'来使用。
('아/어 보다' → 参考88页)

> **예** 김치를 먹어 **본 적이 있어요?** 吃过泡菜吗?
> 피아노를 배워 **본 적이 있어요?** 学过钢琴吗?
> 배를 타 **본 적이 없어요.** 没坐过船。

**3.** 불규칙의 경우는 다음과 같다.

不规则变化如下。

> **예** 영화를 보고 운 적이 있어요? (울다) 看电影哭过吗?
> 길에서 돈을 주운 적이 있어요? (줍다) 在路上捡过钱吗?
> 외국 음악을 들은 적이 있어요? (듣다) 听过外国音乐吗?

한국에 가 본 적이 있어요?

네, 있어요.

**더 생각해보기**

'(으)ㄴ 적이 있다[없다]'와 '아/어 보다'의 차이 ('아/어 보다' → 88쪽 참고)
'(으)ㄴ 적이 있다[없다]'与 '아/어 보다'的区别 ('아/어 보다' → 参考88页)

1) 경험의 '아/어 보다'는 '(으)ㄴ 적이 있다[없다]'와 바꿔 쓸 수 있다.
   表示经验的 '아/어 보다'可以与'(으)ㄴ 적이 있다[없다]'替换使用。

   예 제주도에 간 적이 있어요. (경험) 去过济州岛。(经验)
      제주도에 가 봤어요. (경험)

2) 가까운 과거의 경험일 경우에는 '아/어 보다'만 쓴다.
   在近距离的过去经验的情况下，用'아/어 보다'来表达。

   예 어제 한복을 입어 봤어요. (○) 昨天穿过了韩服。
      어제 한복을 입은 적이 있어요. (×)
      지난주에 한국 음식을 먹어 봤어요. (○) 上周吃过了韩国料理。
      지난주에 한국 음식을 먹은 적이 있어요. (×)

# 은 지/ㄴ 지

| 동사 | 사다 | 읽다 |
|------|------|------|
|      | 산 지 | 읽은 지 |

**1.** 어떤 일을 하고 나서 시간이 얼마나 되었는지를 나타낸다. 이미 지나간 일에
대해 말하는 것이기 때문에 항상 '(으)ㄴ 지+(시간)+되었다[지났다]'의 형태로
쓴다.

表示做过某事后的时间。因为叙述的是已经做过的事情，所以要用'(으)
ㄴ 지+(시간)+되었다[지났다]'的形态来使用。

> 예 이 옷을 **산 지** 1년이 **되었어요**. 这件衣服买了有1年了。
> 이 책을 **읽은 지** 6개월 **되었어요**. 读完这本书已经过去6个月了。
> 대학교를 졸업한 **지** 2년이 **지났어요**. 大学毕业已经过去2年了。

**2.** 질문을 할 때는 '(으)ㄴ 지 얼마나 되었어요?/지났어요?'로 쓴다.

在提问时用'(으)ㄴ 지 얼마나 되었어요?/지났어요?'来表达。

> 예 한국에 **온 지 얼마나 됐어요**? 来韩国多久了?
> 고등학교를 졸업한 **지 얼마나 되었어요**? 高中毕业多久了?

**3.** 불규칙의 경우는 다음과 같다.

不规则变化如下。

> 예 한국에서 산 지 2년이 되었어요. (살다) 在韩国生活2年了。
> 이 음악을 들은 지 한 달이 되었어요. (듣다) 一个月前听过这个音乐。
> 이 건물을 지은 지 20년이 지났어요. (짓다) 这个建筑物已经建成20年了。

한국어를 공부한 지 얼마나 됐어요?

한국어를 공부한 지 2년이 되었어요.

# 은 후에/ㄴ 후에

| 동사 | 마시다 | 찾다 |
|------|--------|------|
|      | 마신 **후에** | 찾은 **후에** |

**1.** [A 은 후에 B] A가 끝나고 B를 할 때 사용한다.

[A 은 후에 B] 先行句A动作结束之后，做后行句B时使用。

> 예 은행에서 돈을 찾은 **후에** 쇼핑을 하려고 해요.
> 打算在银行取完钱之后，去购物。
> 친구와 같이 커피를 마신 **후에** 영화를 보러 갈 거예요.
> 打算和朋友一起喝完咖啡之后，去看电影。

**2.** 비슷한 표현으로 '(으)ㄴ 다음에', '(으)ㄴ 뒤에'가 있다.

('(으)ㄴ 다음에' → 164쪽 참고)

类似的语法有'(으)ㄴ 다음에', '(으)ㄴ 뒤에'。

('(으)ㄴ 다음에' → 参考164页)

> 예 수업이 끝난 **후에** 숙제를 할 거예요. 打算课程结束之后，做作业。
> 수업이 끝난 **다음에** 숙제를 할 거예요.
> 수업이 끝난 **뒤에** 숙제를 할 거예요.

**3.** 때나 시간의 명사와 함께 쓸 때에는 '후에'로 쓴다.

与时间，或时间名词一起使用时，用'后에'来表达。

> 예 1년 **후에** 고향에 돌아갈 거예요. 打算一年后，回家乡。
> 일주일 **후에** 시험이 있어요. 一周后，有考试。
> 식사 **후에** 회의가 있어요. 用餐后，有会议。

## 4. 불규칙의 경우는 다음과 같다.

不规则变化如下。

> 예 물건을 다 판 후에 집에 갈 거예요. (팔다) 打算东西都卖完之后，再回家。
> 음악을 들은 후에 피아노를 쳤어요. (듣다) 听完音乐之后，弹了钢琴。
> 감기가 나은 후에 놀러 갈 거예요. (낫다) 打算感冒好了之后，出去玩儿。

언제 결혼할 거예요?

취직한 후에 결혼할 거예요.

# 은/ㄴ1

| 동사 | 보다 | 입다 |
|------|------|------|
|      | 본   | 입은 |

**1.** '(으)ㄴ+(명사)'의 형태로 과거에 일어난 행위를 나타낸다. 뒤에 오는 명사를 꾸며 준다.

以'(으)ㄴ+(名词)'的形式表示过去发生的行为。修饰后面的名词。

> 예 수연 씨가 어제 입**은** 옷이 아주 예뻤어요. 秀研昨天穿的衣服很漂亮。
> 지난 주말에 **본** 영화가 별로 재미없었어요. 上周末看的电影很无聊。
> 여름 방학 때 **간** 호텔이 아주 좋았어요. 暑假去过的酒店很好。

**2.** '(으)ㄴ'이 과거의 표현이기 때문에 과거 '았/었'과 함께 쓰지 않는다.

'(으)ㄴ'表示过去，所以不与过去的'았/었'一起使用。

> 예 어제 만**난** 친구하고 제일 친해요. (○) 和昨天见过的朋友最亲近。
> 어제 만났은 친구하고 제일 친해요. (×)

**3.** 뒤에 오는 명사가 물건일 경우에는 '것', 장소일 경우에는 '곳'으로 바꿔 쓸 수 있다.

后接的名词为东西的情况下用'것'，为场所的情况下用'곳'来替换使用。

> 예 이 펜은 작년에 **산 것**이에요. 这支笔是去年买的。
> 지난 주말에 놀러 **간 곳**이 아주 아름다웠어요. 上周末去玩儿的地方很美丽。

**4.** 불규칙의 경우는 다음과 같다.

不规则变化如下。

> **예** 이 빵은 어제 만든 거예요. (만들다) 这个面包是昨天做的。
> 중국에서 들은 한국 노래가 많아요. (듣다) 在中国听的韩国歌曲很多。
> 이 건물은 10년 전에 지은 건물이에요. (짓다) 这个建筑物是10年前建的。

제가 보낸 편지를 받았어요?

네, 받았어요.

# 은/ㄴ2

| 형용사 | 크다 | 작다 |
|--------|------|------|
|  | 큰 | 작은 |

**1.** '(으)ㄴ+(명사)'의 형태로 그 명사의 상태를 설명한다. 뒤에 오는 명사를 꾸며 준다.

以'(으)ㄴ+(名词)'的形式来说明后接的名词。修饰后接的名词。

> 예 어제 백화점에서 **작은** 가방을 샀어요. 昨天在百货店买了小的包。
> 저는 **큰** 컴퓨터가 필요해요. 我需要大的电脑。

**2.** 뒤에 오는 명사가 물건일 경우에는 '것', 장소일 경우에는 '곳'으로 바꿔 쓸 수 있다.

后接的名词为东西的情况下用'것', 为场所的情况下用'곳'来替换使用。

> 예 부모님께 **좋은 것**을 사 드리고 싶어요. 想给父母买好的东西。
> **조용한 곳**에서 만나요. 在安静的地方见面。

**3.** '있다, 없다'의 경우에는 '는'을 쓴다.

'있다, 없다'的情况下, 直接接'는'来使用。

> 예 저는 재미있**는** 영화를 보고 싶어요. 我想看有趣的电影。
> 어제 맛있**는** 음식을 먹었어요. 我想吃好吃的东西。

**4.** 불규칙의 경우는 다음과 같다.

不规则变化如下。

> 예 저는 **긴** 바지를 사려고 해요. (길다) 我想买长的裤子。
> 저는 **매운** 음식을 좋아해요. (맵다) 我喜欢吃辣的东西。
> 어떤 옷을 사고 싶어요? (어떻다) 想买什么样的衣服啊?

어떤 가방을 살 거예요?

가볍고 편한 가방을 살 거예요.

# 은/는

| 명사 | 선생님 | 친구 |
|------|--------|------|
|      | 선생님**은** | 친구**는** |

**1.** 문장에서 이야기하고 있는 주제를 나타낸다.

在文章中体现正在说话的主题。

> 예 우리 선생님**은** 한국 사람이에요. 我们的老师是韩国人。
> 제 친구**는** 회사원이에요. 我的朋友是公司职员。

**2.** 문장에서 서로 비교되거나 대조되고 있음을 나타낸다.

在文章中体现相互比较和对照。

> 예 저**는** 키가 작은데 동생**은** 키가 커요. 我的个子小，弟弟的个子高。
> 아버지**는** 병원에서 일하시고 어머니**는** 은행에서 일하세요. 爸爸在医院工作，妈妈在银行工作。

**3.** '에, 에서' 등과 함께 쓸 수 있다.

与'에，에서'等一起使用。

> 예 밖**에는** 사람이 많은데 안**에는** 사람이 없어요. 外面人很多，里面没有人。
> 교실**에서는** 담배를 피우면 안 돼요. 在教室里不可以吸烟。

**4.** 상대방을 높일 때는 '은/는' 대신에 '께서는'을 쓴다.

表示对对方表示尊敬时'은/는'变为'께서는'来使用。

> 예 할아버지**께서는** 외국에 계세요. 爷爷在外国。
> 할머니**께서는** 요즘 바쁘세요. 奶奶最近忙。

안녕하세요? 저는 영호예요.

안녕하세요? 저는 유리예요.

## 더 생각해보기

'은/는'과 '이/가'의 차이 ('이/가 → 209쪽 참고)

'은/는'与 '이/가'的区别 ('이/가' → 参考209页)

어떤 것에 대해 처음 말할 때는 '이/가'를 쓰고 이미 말한 것에 대해서 다시 말할 때는 '은/는'을 쓴다.

表示对某事初次叙述时用'이/가'，对已经叙述过并且从新叙述时用'은/는'来表达。

**예** 가 : 저 사람이 김영호 씨입니까? 那个人是金荣浩吗?

　　　나 : 네, 김영호 씨입니다. 是的，是金荣浩。

　　　가 : 김영호 씨는 회사원입니까? 金荣浩是公司职员吗?

　　　나 : 네, 회사원입니다. 是的，是公司职员。

# 을 거예요/ㄹ 거예요1

| 동사 | 가다 | 먹다 |
|---|---|---|
| | 갈 거예요 | 먹을 거예요 |

**1.** 말하는 사람이 미래의 계획을 말할 때 쓴다. 이때 주어는 '나(저), 우리'이다.

表示说话人对未来计划表达时使用。这时的主语为 '나(저), 우리'。

> 예 저는 내일 친구와 같이 점심을 먹을 거예요 我明天打算和朋友一起吃午饭。
> 저는 다음 주말에 도서관에 갈 거예요 我下周末打算去图书馆。
> 우리는 다음 달에 결혼할 거예요 我们下个月打算结婚。

**2.** 듣는 사람의 계획을 물을 때는 '(으)ㄹ 거예요?'로 쓴다.

对听话人的计划提问时用 '(으)ㄹ 거예요?'来表示。

> 예 가 : 언제 중국에 갈 거예요? 打算什么时候回中国？
> 나 : 저는 이번 방학에 갈 거예요 这个假期打算回去。

**3.** 불규칙의 경우는 다음과 같다.

不规则变化如下。

> 예 조금 이따가 창문을 열 거예요. (열다) 过一会儿打算开窗户。
> 주말에 집에서 음악을 들을 거예요. (듣다) 周末打算在家里听音乐。
> 내년에 집을 지을 거예요. (짓다) 明年打算盖房子。

주말에 뭐 할 거예요?

친구와 같이 영화를 볼 거예요.

**더 생각해보기**

'(으)ㄹ 거예요1'와 '겠1'의 차이 ('겠1' → 6쪽 참고)
'(으)ㄹ 거예요1'与 '겠1'的区别 ('겠1' → 参考6页)

'(으)ㄹ 거예요'는 '겠'보다 말하는 사람의 의지가 약하다.
'(으)ㄹ 거예요'比起'겠'说话人的意志弱。

**예** 저는 이번 방학에 여행을 하겠어요. (의지가 강함) 这个假期我要去旅行。(意志强)

저는 이번 방학에 여행을 할 거예요. (의지가 약함) 这个假期打算去旅行。(意志弱)

# 을 거예요/ㄹ 거예요2

| 동사/형용사 | 보다 | 읽다 | 아프다 | 좋다 |
|---|---|---|---|---|
| | 볼 거예요 | 읽을 거예요 | 아플 거예요 | 좋을 거예요 |

**1.** 어떤 행동이나 상태를 추측할 때 쓴다. 이때 주어는 제3자나 사물이다.

表示推测某行动，或状态时使用。这时的主语为第3人称或事物。

> 예 유리 씨의 동생은 키가 작을 **거예요.** 刘丽的弟弟可能个子小。
> 영호 씨는 지금 영화를 볼 **거예요.** 荣浩现在可能在看电影。
> 내일은 비가 올 **거예요.** 明天可能要下雨。

**2.** 추측 '(으)ㄹ까요?'의 대답으로 자주 쓴다.

以推测的提问 '(으)ㄹ까요?'的回答形式使用。

> 예 가 : 내일 날씨가 추울까요? 明天会冷吗?
> 나 : 네, 내일도 추울 **거예요.** 明天也会冷。
>
> 가 : 영호 씨가 내일 학교에 올까요? 荣浩明天会来学校吗?
> 나 : 아니요, 아파서 못 올 **거예요.** 生病了，不能来吧。

**3.** 과거 '았/었'과 함께 쓸 수 있다.

与过去的 '았/었'一起使用。

> 예 선생님이 집에 가셨을 **거예요.** 老师可能回家了。
> 영호 씨가 지난 주말에 스키를 탔을 **거예요.** 荣浩上周末可能去滑雪了。

**4.** '(으)ㄹ 거예요' 앞에 명사가 오면 '일 거예요'로 쓴다.

名词位于'(으)ㄹ 거예요'前面时，变为'일 거예요'来使用。

> 예 저 사람이 영호 씨의 선생님**일 거예요.** 那个人可能是荣浩的老师。
> 저게 유리 씨의 컴퓨터**일 거예요.** 那个可能是刘丽的电脑。

**5.** 불규칙의 경우는 다음과 같다.

不规则变化如下。

> 예 내일 바람이 많이 불 거예요. (불다) 明天可能吹很大风。
> 유리 씨가 지금 집에서 음악을 들을 거예요. (듣다) 刘丽现在可能在家听音乐。
> 시험이 어려울 거예요. (어렵다) 考试可能很难。
> 이 약을 먹으면 빨리 나을 거예요. (낫다) 吃了这个药可能很快就好了。

내일 날씨가 어떨까요?

좀 더울 거예요.

**더 생각해보기**

'(으)ㄹ 거예요2'와 '겠2'의 차이 ('겠2' → 8쪽 참고)
'(으)ㄹ 거예요2'与 '겠2'的区别 ('겠2' → 参考8页)

1) '겠'은 주로 어떤 상황이 주어졌을 때 사용하지만 '(으)ㄹ 거예요'는 상황 정보가 있을 때나 없을 때 모두 쓸 수 있다.
'겠'常用在有具体状况时使用, 但'(으)ㄹ 거예요'不考虑有无状况。

> 예 가 : 날이 흐리네요. (상황 정보가 있음) 天气阴了。(有状况信息)
> 나 : 비가 오겠어요. (○) 要下雨了。
> 비가 올 거예요. (○) 会下雨吧。
>
> 가 : 민수 씨가 오늘 학교에 올까요? (상황 정보가 없음) 民秀今天会来学校吧? (没有状况信息)
> 나 : 네, 오겠어요. (×)
> 네, 올 거예요. (○) 会来吧。

2) '겠'은 자신이 아닌 다른 사람 모두에 쓸 수 있지만 '(으)ㄹ 거예요'는 제3자에게만 쓴다.
'겠'用在除了自身以外的所有其他人身上, 但'(으)ㄹ 거예요'只能用在第3者上。

> 예 가 : 오늘 아무 것도 못 먹었어요. 今天什么也没吃。
> 나 : 배고프겠어요. (○) 应该很饿吧。
> 배고플 거예요. (×)

# 을 것 같다/ㄹ 것 같다1

| 동사 | 사다 | 읽다 |
|------|------|------|
|      | 살 것 같다 | 읽을 것 같다 |

**1.** 어떤 일에 대한 정보 없이 막연히 미래를 추측할 때 쓴다.
表示对未来某事没有依据，茫然的推测时使用。

> 예 내일은 눈이 **올 것 같아요**. 明天好像要下雨。
> 영호 씨가 바빠서 못 **만날 것 같아요**. 因为荣浩很忙，好像不能见到。

**2.** 미래에 일어날 일에 대해 말하는 사람의 생각을 좀 더 부드럽게 표현할 때 쓴다.
说话人对未来将发生的事的想法委婉的表达时使用。

> 예 저는 내일 못 **올 것 같아요**. 我明天可能不能来了。
> 방학 때 여행을 **갈 것 같아요**. 假期可能去旅行。

**3.** 어떤 일에 대한 정보가 없이 막연히 현재를 추측할 때 쓴다.
表示对现在某事没有依据，茫然的推测时使用。

> 예 우리 선생님은 책을 많이 **읽을 것 같아요**. 我们老师好像看很多书。
> 유리 씨는 중국어를 **잘할 것 같아요**. 刘丽好像中国语说的很好。

**4.** 어떤 일에 대한 정보가 없이 막연히 과거를 추측할 때는 '았을/었을 것 같다'
로 쓴다.
'았을/었을 것 같다' 表示对过去某事没有依据茫然的推测时使用。

> 예 민수 씨가 집에 도착**했을 것 같아요**. 民秀可能到家了。
> 선생님은 밥을 **드셨을 것 같아요**. 老师可能吃过饭了。

**5.** '(으)ㄹ 것 같다' 앞에 명사가 오면 '일 것 같다'로 쓴다.
名词位于'(으)ㄹ 것 같다'前面时，变为'일 것 같다'来使用。

> 예 저 사람은 한국 사람**일 것 같아요**. 那个人可能是韩国人。
> 여기가 어디**일 것 같아요**? 知道这里是哪儿吗？

**6.** 불규칙의 경우는 다음과 같다.

不规则变化如下。

> 예 저 가게에서 모자를 팔 것 같아요. (팔다) 那个商店可能卖帽子。
>
> 선생님이 우리가 하는 말을 다 들을 것 같아요. (듣다) 我们说的话老师可能都听到了。
>
> 의사 선생님 덕분에 병이 빨리 나을 것 같아요. (낫다) 托医生的福, 好像病马上就, 会好的。

 주말에 같이 운동하러 갈 수 있어요?

미안해요. 바빠서 못 갈 것 같아요.

**더 생각해보기**

'(으)ㄹ 것 같다1'와 '(으)ㄴ 것 같다1', '는 것 같다'의 차이

('(으)ㄴ 것 같다1' → 161쪽 참고, '는 것 같다' → 42쪽 참고)

'(으)ㄹ 것 같다1'与 '(으)ㄴ 것 같다1', '는 것 같다'的区别

('(으)ㄴ 것 같다1' → 参考161页, '는 것 같다' → 参考42页)

1) '(으)ㄴ 것 같다'와 '는 것 같다', '(으)ㄹ 것 같다'는 모두 동사와 함께 쓰여 각각 과거, 현재, 미래의 추측을 나타낸다.

'(으)ㄴ 것 같다'与 '는 것 같다', '(으)ㄹ 것 같다'与动词一起使用分别表示, 过去, 现在, 未来的推测。

> 예 비가 온 것 같아요. (과거 추측) 好像下过雨了。(过去推测)
>
> 비가 오는 것 같아요. (현재 추측) 好像在下雨。(现在推测)
>
> 비가 올 것 같아요. (미래 추측) 好像要下雨。(未来推测)

2) '았을/었을 것 같다'와 '(으)ㄴ 것 같다'는 모두 과거에 대한 추측이지만 근거가 있는 경우에는 '(으)ㄴ 것 같다'를 사용하고 근거 없는 막연한 추측일 경우에는 '았을/었을 것 같다'를 주로 사용한다.

虽然都是对过去的推测, 有依据的情况下用 '(으)ㄴ 것 같다', 没有依据的情况下茫然的推测时用 '았을/었을 것 같다'。

例 민수 씨가 도착한 것 같아요. (교실 안에서 민수 씨의 목소리가 들림)
民秀可能到了。(在教室里听到外边民秀的声音)
민수 씨가 도착했을 것 같아요. (수업 시작 시간이 지났으니까 그럴 것이라고 막연히 추측함)
民秀可能到了。(上课的时间已经到了，所以茫然的推测)

3) '(으)ㄹ 것 같다'가 현재 상황을 추측하는 경우가 있는데 이때 근거가 있는 경우에는 '는 것 같다'를 주로 사용하고 근거가 없는 경우에는 '을 것 같다'를 주로 사용한다.
'(으)ㄹ 것 같다'表示对现在的推测，但是在有根据的情况下常用'는 것 같다'，没有根据的情况下常用'을 것 같다'。

例 영호 씨가 책을 많이 읽을 것 같아요. 荣浩好像看很多书。
(그럴 것이라고 막연히 추측함) (没有根据的推测)
영호 씨가 책을 많이 읽는 것 같아요. 荣浩好像看很多书。
(영호가 평소에 책을 자주 읽는 것을 보고 추측함) (平时看到荣浩经常看书的样子来推测)

# 을 것 같다/ㄹ 것 같다2

| 형용사 | 싸다 | 높다 |
|---|---|---|
| | 쌀 것 같다 | 높을 것 같다 |

**1.** 어떤 일에 대한 정보 없이 막연히 미래의 상태를 추측할 때 쓴다.

表示对某事没有依据，茫然的推测未来的状态时使用。

> 예 이 옷을 유리 씨가 입으면 **예쁠 것 같아요**. 这件衣服刘丽穿了可能会好看。
> 이 모자는 영호 씨한테 좀 **클 것 같아요**. 这个帽子荣浩戴了可能有些大。
> 내일은 날씨가 **좋을 것 같아요**. 明天的天气可能很好。

**2.** 말하는 사람의 생각을 좀 더 부드럽게 표현할 때 쓴다.

委婉的表达说话人的想法时使用。

> 예 제가 내일 좀 **바쁠 것 같아요**. 我明天可能会有些忙。
> 죄송하지만 이번 주에는 시간이 **없을 것 같아요**. 很抱歉，这周可能没有时间。

**3.** 어떤 일에 대한 정보 없이 막연히 현재의 상태를 추측할 때 쓴다.

表示对某事没有依据，茫然的推测现在状态时使用。

> 예 여자 친구가 **예쁠 것 같아요**. 女朋友可能很漂亮。
> 음식이 **맛있을 것 같아요**. (食物)看起来很好吃。

**4.** 과거 '았/었'과 함께 쓰여 어떤 일에 대한 정보 없이 막연히 과거의 상태를 추측할 때 쓴다.

与过去的'았/었'一起使用，表示对某事没有依据，茫然的推测过去的状态时使用。

> 예 민수 씨가 어렸을 때 멋**있었을 것 같아요**. 民秀小的时候可能很帅气。
> 우리 선생님이 지난 주말에 많이 **바빴을 것 같아요**. 我们老师上周末可能很忙。

**5.** 불규칙의 경우는 다음과 같다.

不规则变化如下。

> 예 이 치마는 유리 씨한테 너무 길 것 같아요. (길다) 这个裙子刘丽穿了可能会长。
> 이번 시험이 좀 쉬울 것 같아요. (쉽다) 这次考试可能有些简单。
> 주말에 날씨가 어떨 것 같아요? (어떻다) 周末天气会怎么样?

저 옷이 어때요?

영호 씨한테 좀 클 것 같아요.

---

**더 생각해보기**

'(으)ㄹ 것 같다2'와 '(으)ㄴ 것 같다2'의 차이 ('(으)ㄴ 것 같다2' → 163쪽 참고)
'(으)ㄹ 것 같다2'与 '(으)ㄴ 것 같다2' 的区别 ('(으)ㄴ 것 같다2' → 参考 163页)

모두 현재 상태에 대한 추측이지만 근거가 있는 경우에는 '(으)ㄴ 것 같다'를 사용하고 근거가 없는 경우에는 '을 것 같다'를 사용하는 경향이 있다.
虽然都是对现在状态的推测, 但是在有依据的情况下用'(으)ㄴ 것 같다', 没有依据的情况下倾向于用'을 것 같다'。

> 예 저 사람은 돈이 많을 것 같아요. 那个人好像很有钱。
> 저 사람 옷을 보니까 돈이 많은 것 같아요. 看那人的穿着, 好像很有钱。

# 을 때/ㄹ 때

| 동사/형용사 | 마시다 | 읽다 | 바쁘다 | 많다 |
|---|---|---|---|---|
| | 마실 때 | 읽을 때 | 바쁠 때 | 많을 때 |

**1.** 어떤 일이나 상황이 일어나는 시간을 나타낸다.

表示发生某事，或状况的时间。

> 예 커피를 마실 **때** 설탕을 넣어요. 喝咖啡的时候放糖。
> 음악을 들을 **때** 기분이 좋아져요. 听音乐的时候心情很好。
> 머리가 아플 **때** 약을 먹어요. 头疼的时候吃药。

**2.** 일정한 기간을 나타내는 명사와 함께 쓸 때에는 '때'로 쓴다. 이때 '오전, 오후, 주말' 등은 함께 쓰지 않는다.

与具体的时间名词一起使用时，不与'오전，오후，주말'等一起使用。

> 예 고등학교 **때** 아주 재미있게 보냈어요. 高中时期，度过的很有趣。
> 방학 **때** 친구들과 여행을 가려고 해요. 放假期间要和朋友去旅行。
> 주말 때 청소를 할 거예요. (×)
> 주말에 청소를 할 거예요. (○) 周末要打扫卫生。
> 어제 오후 때 집에서 쉬었어요. (×)
> 어제 오후에 집에서 쉬었어요. (○) 昨天下午在家里休息了。

**3.** 과거 '았/었'과 함께 쓸 수 있다.

可以与过去的'았/었'一起使用。

> 예 제가 학교에 도착했을 **때** 아무도 **없었어요.**
> 我到学校的时候，就已经什么人都没有了。
> 그 사람을 처음 봤을 **때** 마음에 **들었어요.**
> 我第一次见那个人的时候，就已经喜欢上他了。

**4.** 불규칙의 경우는 다음과 같다.

不規則变化如下。

> 예 한국에서 살 때 아주 재미있었어요. (살다) 在韩国生活的时候很有意思。
> 저는 공원에서 걸을 때 음악을 들어요. (걷다) 我在公园散步时听音乐。
> 어려울 때 서로 도와야 해요. (어렵다) 有困难时要互相帮助。
> 집을 지을 때 튼튼하게 지어야 해요. (짓다) 盖房子的时候要盖的结实。

시간이 있을 때 뭐 할 거예요?

여행을 갈 거예요.

# 을 수 있다[없다]/ㄹ 수 있다[없다]

| 동사 | 마시다 | 읽다 |
|---|---|---|
| | 마실 수 있다[없다] | 읽을 수 있다[없다] |

**1.** 그 일을 하는 능력이 있고 없음을 나타낸다. 이때 부정의 대답으로는 '못'을 쓴다. ('못' → 71쪽 참고)
表示对做某事有无能力。这时的否定回答用'못'。('못' → 参考71页)

> 📖 가 : 한국어를 **할 수 있어요**? 会说韩国语吗?
> 　나 : 네, 한국어를 **할 수 있어요** 是的，会说。
> 　　　 아니요, 한국어를 **못 해요** 不，不会说韩国语。
>
> 　가 : 피아노를 **칠 수 있어요**? 会弹钢琴吗?
> 　나 : 네, 피아노를 **칠 수 있어요** 是的，会弹钢琴。
> 　　　 아니요, 피아노를 **못 쳐요** 不，不会弹钢琴。

**2.** 그 일의 가능과 불가능을 나타낸다. 이때 부정의 대답으로는 '(으)ㄹ 수 없다, 못' 모두 쓸 수 있다.
表示对某事的可能性。这时的否定 '(으)ㄹ 수 없다，못'都可以使用。

> 📖 가 : 주말에 만날 **수 있어요**? 周末能见面吗?
> 　나 : 네, 만날 **수 있어요** 是的，能见。
> 　　　 아니요, 만날 **수 없어요** 不，不能见。
> 　　　 아니요, **못 만나요**
>
> 　가 : 지금 이야기할 **수 있어요**? 现在可以说话吗?
> 　나 : 네, 이야기할 **수 있어요** 是的，可以说。
> 　　　 아니요, 시간이 없어서 이야기할 **수 없어요** 不，现在没有时间不可以说。
> 　　　 아니요, 시간이 없어서 이야기를 **못 해요**

**3.** 불규칙의 경우는 다음과 같다.
不规则变化如下。

> 📖 김치를 만들 수 있어요? (만들다) 会做泡菜吗?
> 　지금 같이 좀 걸을 수 있어요? (걷다) 现在可以一起走吗?
> 　이 약을 먹으면 빨리 나을 수 있어요? (낫다) 吃了这个药，会马上好吗?

수영을 할 수 있어요?

네, 수영을 할 수 있어요.

**더 생각해보기**

'(으)ㄹ 수 있다[없다]'와 '(으)ㄹ 줄 알다[모르다]'의 차이
('(으)ㄹ 줄 알다[모르다]' → 188쪽 참고)
'(으)ㄹ 수 있다[없다]'与 '(으)ㄹ 줄 알다[모르다]'的区别
('(으)ㄹ 줄 알다[모르다]' → 参考188页)

'(으)ㄹ 수 있다[없다]'는 능력과 가능성의 의미를 가지고 있다. 그 중에서 능력의 의미로 사용될 때는 '(으)ㄹ 줄 알다[모르다]'와 바꾸어 사용할 수 있다. 또한 '(으)ㄹ 수 있다[없다]'는 능력에 대해 광범위하게 쓸 수 있지만 '(으)ㄹ 줄 알다[모르다]'는 배워서 알게 되거나 하게 되는 경우에 주로 쓴다.

'(으)ㄹ 수 있다[없다]'具有能力和可能性的意思。其中表达能力的意思时可以与'(으)ㄹ 줄 알다[모르다]'替换使用。'(으)ㄹ 수 있다[없다]'在表达能力时使用范围较广，但'(으)ㄹ 줄 알다[모르다]'用在通过学习，或努力后知道时使用。

**예** 저는 김치를 만들 수 있어요. (○) 我能做泡菜。
　　저는 김치를 만들 줄 알아요. (○) 我会做泡菜。
　　선생님이 손을 다쳐서 운전을 할 수 없어요. (○) 老师的手受伤了，不能开车。
　　선생님이 손을 다쳐서 운전을 할 줄 몰라요. (×)

# 을 줄 알다[모르다]/ㄹ 줄 알다[모르다]

| 동사 | 쓰다 | 찾다 |
|------|------|------|
| | 쓸 줄 알다[모르다] | 찾을 줄 알다[모르다] |

**1.** 어떤 일을 하는 방법을 알고 모름을 나타낸다.

表示知道，或不知道做某事的方法。

> 예 가 : 젓가락을 사용할 **줄 알아요**? 会使用筷子吗?
> 나 : 네, 젓가락을 사용할 **줄 알아요**. 是的，会使用筷子。
> 아니요, 젓가락을 사용할 **줄 몰라요**. 不，不会使用筷子。
>
> 가 : 기타를 **칠 줄 알아요**? 会弹吉他吗?
> 나 : 네, 기타를 **칠 줄 알아요**. 是的，会弹。
> 아니요, 기타를 **칠 줄 몰라요**. 不，不会弹。

**2.** 불규칙의 경우는 다음과 같다.

不规则变化如下。

> 예 저는 한국 음식을 만들 줄 알아요. (만들다) 我会做韩国料理。
> 저는 집을 지을 줄 알아요. (짓다) 我会盖房子。

스키 탈 줄 알아요?

아니요, 스키 탈 줄 몰라요.

**더 생각해보기**

'(으)ㄹ 줄 알다[모르다]'와 '(으)ㄹ 수 있다[없다]'의 차이

('(으)ㄹ 수 있다[없다]' → 186쪽 참고)

'(으)ㄹ 줄 알다[모르다]'与 '(으)ㄹ 수 있다[없다]'的区别

('(으)ㄹ 수 있다[없다]' → 参考186页)

'(으)ㄹ 수 있다[없다]'는 능력과 가능성의 의미를 가지고 있다. 그 중에서 능력의 의미로 사용될 때는 '(으)ㄹ 줄 알다[모르다]'와 바꾸어 사용할 수 있다. 또한 '(으)ㄹ 수 있다[없다]'는 능력에 대해 광범위하게 쓸 수 있지만 '(으)ㄹ 줄 알다[모르다]'는 배워서 알게 되거나 하게 되는 경우에 주로 쓴다.

'(으)ㄹ 수 있다[없다]'具有能力和可能性的意思。其中表达能力的意思时可以与 '(으)ㄹ 줄 알다[모르다]'替换使用。'(으)ㄹ 수 있다[없다]'可以用在表达能力的广范围时使用，但'(으)ㄹ 줄 알다[모르다]'用在学习，或努力后知道时使用。

**예** 저는 김치를 만들 수 있어요. (○) 我能做泡菜。

　　저는 김치를 만들 줄 알아요. (○) 我会做泡菜。

　　선생님이 손을 다쳐서 운전을 할 수 없어요. (○) 老师的手受伤了，不能开车。

　　선생님이 손을 다쳐서 운전을 할 줄 몰라요. (×)

ㄱ
ㄴ
ㄷ
ㅁ
ㅂ
**ㅅ**
**ㅇ**
ㅈ
ㅊ
ㅎ

# 을 테니까/ㄹ 테니까

| 동사/형용사 | 마시다 | 읽다 | 바쁘다 | 많다 |
|---|---|---|---|---|
| | 마실 테니까 | 읽을 테니까 | 바쁠 테니까 | 많을 테니까 |

**1.** [A (으)ㄹ 테니까 B] A는 말하는 사람이 하겠다는 행동을 나타내고 B는 듣는 사람에게 하라는 명령이나 청유를 나타낸다. 이때 A의 주어는 '나(저)', '우리' 이다.

[A (으)ㄹ 테니까 B] A表示说话人将做的行动。B表示向听话人发出命令，或劝诱。这时A的主语为'나(저)', '우리'。

> 예 우리가 청소를 **할 테니까** 유리 씨는 쉬세요. 我们来打扫，刘丽去休息吧。
> 제가 다 준비**할 테니까** 걱정하지 마세요. 我来准备，不要担心。
> 제가 커피를 **살 테니까** 같이 갈까요? 我来买咖啡，一起去怎么样？
> 제가 요리를 **할 테니까** 같이 먹읍시다. 我来做饭，一起吃吧。

**2.** [A (으)ㄹ 테니까 B] A는 말하는 사람의 추측을 나타내고 B는 듣는 사람에게 그 상황에 맞게 무엇을 하라는 명령이나 청유를 나타낸다. 이때 A의 주어는 다른 사람, 사물이다.

[A (으)ㄹ 테니까 B] A表示说话人的推测，B表示使听话人做出符合状况的命令或，劝诱。这时A的主语为他人或事物。

> 예 영호 씨가 곧 **올 테니까** 너무 걱정하지 마세요. 荣浩马上就来了，不要太担心。
> 내일 날씨가 좋**을 테니까** 같이 산에 갑시다. 天气会好起来，一起上山吧。
> 피곤**할 테니까** 좀 쉬세요. 累了，休息一会儿吧。

**3.** 과거 상황을 추측할 경우 '았을/었을 테니까'로 쓴다.

猜测过去的情况时，使用'았을/었을 테니까'。

> 예 친구들이 모두 **갔을 테니까** 유리 씨도 빨리 가세요. 朋友们可能都已经去了，刘丽也快点儿去吧。
> 오늘 많이 바**빴을 테니까** 내일은 좀 쉬세요. 今天一定很忙吧，明天休息吧。

**4.** '(으)ㄹ 테니까' 앞에 명사가 오면 '일 테니까'로 쓴다.

名词位于 '(으)ㄹ 테니까' 前面时，变为 '일 테니까' 来使用。

> 예 이 사람은 좋은 사람**일 테니까** 한번 만나 보세요. 这个人可能是个好人，见一面看看吧。

**5.** 불규칙의 경우는 다음과 같다.

不规则变化如下。

> 예 제가 케이크를 만들 테니까 유리 씨는 한국 음식을 만드세요. (만들다) 我来做蛋糕，刘丽做韩国料理吧。
> 시험이 어려울 테니까 열심히 공부하세요. (어렵다) 考试会很难，认真学习吧。
> 저는 음악을 들을 테니까 영호 씨는 좀 쉬세요. (듣다) 我来听音乐，荣浩休息吧。

지금부터 뭐 할까요?

저는 요리를 할 테니까
영호 씨는 청소를 해 주세요.

# 을/ㄹ

| 동사 | 보다 | 읽다 |
|------|------|------|
|      | 볼   | 읽을 |

**1.** '(으)ㄹ+(명사)'의 형태로 미래에 일어날 일을 나타낸다. 뒤에 오는 명사를 꾸며 준다.

以'(으)ㄹ+(名词)'的形式表示未来将发生的事。修饰后接的名词。

> 📖 우리가 **탈** 비행기는 9시에 출발할 거예요. 我们将要坐的飞机9点钟出发。
> 주말에 **볼** 영화가 재미있을까요? 周末要看的电影会有意思吗?
> 이것이 내일 **읽을** 책이에요. 这个是明天要看的书。
> 내일 **할** 일이 많아요. 明天要做的事情很多。

**2.** 뒤에 오는 명사가 물건일 경우에는 '것', 장소일 경우에는 '곳'으로 바꿔 쓸 수 있다.

后接的名词为东西的情况下用'것', 为场所的情况下用'곳'来替换使用。

> 📖 내일 백화점에서 **살 것**이 많아요. 明天在百货店要买的东西很多。
> 다음 주에 놀러 **갈 곳**이 어디예요? 周末要去玩儿的地方在哪里?
> 집에 먹을 **것**이 많아요. 家里吃的东西很多。

**3.** 불규칙의 경우는 다음과 같다.

不规则变化如下。

> 📖 이 집이 제가 **살** 곳이에요. (살다) 这个房子是我要住的地方。

이번 주말에 할 일이 많아요?

아니요, 할 일이 없어요.

# 을/를

| 명사 | 친구 | 밥 |
|---|---|---|
| | 친구를 | 밥을 |

**1.** 문장에서 동사의 목적어를 나타낸다.

在文章中体现动词的宾语。

> 예 언제 밥을 먹었어요? 什么时候吃的饭?
> 오늘 오후에 친구를 만날 거예요. 今天下午打算见朋友。
> 어제 백화점에서 옷을 샀어요. 昨天在百货店买了衣服。

**2.** '(명사)+하다' 형태의 동사 '공부하다, 요리하다, 청소하다' 등은 '(명사)+을/를 +하다'로 쓸 수 있다.

以'(名词)+하다'形态的动词'공부하다, 요리하다, 청소하다'等, 变为'(名词)+을/를+하다'。

> 예 저는 한국어 **공부를 해요**. 我学习韩国语。
> 저는 한국어를 **공부해요**.
>
> 친구가 방 **청소를 해요**. 朋友打扫房间。
> 친구가 방을 **청소해요**.

어제 무엇을 했어요?

어제 커피숍에서 **친구를** 만났어요.

# 을게요/ㄹ게요

| 동사 | 사다 | 먹다 |
|------|------|------|
|      | 살게요 | 먹을게요 |

**1.** 어떤 일을 하겠다고 듣는 사람에게 약속할 때 쓴다. 이때 주어는 '나(저), 우리'이다.

表示向听话人承诺要做的事情时使用。这时的主语为 '나(저), 우리'。

> 예 가 : 내일은 학교에 일찍 오세요. 请明天早点儿来学校。
> 나 : 네, 내일은 꼭 일찍 **올게요**. 好的, 明天一定早来。
>
> 가 : 담배는 몸에 나쁘니까 끊어. 吸烟对身体不好, 戒掉。
> 나 : 네, **끊을게요**. 好的, (我)戒掉。

**2.** 말하는 사람이 자신의 생각을 듣는 사람에게 알려 줄 때 쓴다.

表示说话人把自己的想法告诉听话人时使用。

> 예 오늘은 저 먼저 **갈게요**. 今天我先走了。
> 음악 좀 **들을게요**. 听一下音乐。
>
> 가 : 저 좀 도와주시겠어요? 能帮帮我吗?
> 나 : 네, 제가 **도와드릴게요**. 好的, 我来帮你。

**3.** '아/어 주다[드리다]'와 함께 써서 '아/어 줄게요[드릴게요]'로 쓴다.

与'아/어 주다[드리다]'一起使用, 变为'아/어 줄게요[드릴게요]'来使用。

> 예 제가 커피를 **사 줄게요**. 我来买咖啡。
> 제가 책을 빌려 **드릴게요**. 我借给你书。

**4.** 불규칙의 경우는 다음과 같다.

不规则变化如下。

> 예 한국 음식은 제가 만들게요. (만들다) 我来做韩国料理。
> 그 일은 제가 도와드릴게요. (돕다) 这件事我来帮你。
> 저는 소화가 안 돼서 좀 걸을게요. (걷다) 我不消化所以想走一会儿。
> 라면에 물을 좀 더 부을게요. (붓다) 拉面里再倒一点儿水。

오늘 지갑을 안 가지고 와서 돈이 없어요.

그럼 제가 빌려 드릴게요.

# 을까 하다/ㄹ까 하다

| 동사 | 가다 | 먹다 |
|---|---|---|
| | 갈까 하다 | 먹을까 하다 |

**1.** 말하는 사람이 막연히 무엇을 할 생각인지를 나타낸다. 이때 주어는 '나(저), 우리'이다.

表示说话人茫然的想起做某事时使用。这时的主语为'나(저), 우리'。

> 예 저는 이번 방학에 영어를 배울까 해요. 这个假期我想学英语.
> 우리는 주말에 제주도에 갈까 해요. 这周末我们想去济州岛.
> 저는 내일 한국 음식을 먹을까 해요. 明天我想吃韩国料理.

**2.** '(으)ㄹ까 했다'는 과거에 계획한 일을 나타내는데, 그 일을 하지 못했음을 나타낸다.

'(으)ㄹ까 했다'表示对过去计划的事情没有达成时使用。

> 예 어제 너한테 전화를 할까 했는데 못 했어. 昨天要给你打电话, 但是没打成.
> 지난 주말에 등산을 할까 했는데 비가 와서 못 갔어. 上周末想去登山, 但是因为下雨没去成.

**3.** 불규칙의 경우는 다음과 같다.

不规则变化如下。

> 예 아파트에서 살까 해요. (살다) 想在楼房生活.
> 내일은 집에서 음악을 들을까 해요. (듣다) 明天想在家里听音乐.
> 고향에 집을 지을까 해요. (짓다) 想在家乡盖房子.

방학에 뭐 할 거예요?

여행을 할까 해요.

**더 생각해보기**

'(으)ㄹ까 하다'와 '(으)려고 하다'의 차이 ('(으)려고 하다' → 138쪽 참고)

'(으)ㄹ까 하다'与 '(으)려고 하다'的区别 ('(으)려고 하다' → 参考138页)

'(으)ㄹ까 하다'와 '(으)려고 하다' 모두 미래 계획을 의미하지만 '(으)려고 하다'는 '(으)ㄹ까 하다'에 비해 실현 가능성이 높을 때 사용한다.

'(으)ㄹ까 하다'与 '(으)려고 하다'都是表示未来的计划, 但'(으)려고 하다'比起 '(으)ㄹ까 하다'实现性要强。

**예** 저는 방학에 여행을 하려고 해요. (가능성이 높음) 假期我打算去旅行。(可能性强)

저는 방학에 여행을 할까 해요. (가능성이 낮음) 假期我想去旅行。(可能性弱)

ㄱ
ㄴ

ㄷ ㅁ
ㅂ

ㅅ
ㅇ

ㅈ ㅊ
ㅎ

# 을까요?/ㄹ까요? 1

| 동사 | 만나다 | 읽다 |
|------|--------|------|
|      | 만날까요? | 읽을까요? |

**1.** 말하는 사람이 듣는 사람에게 어떤 행동을 같이 하자고 할 때 쓴다. 이때 주어는 '우리'이다.

表示说话人向听话人提出一起做某事时使用。这时的主语为'우리'。

> 예 같이 공원에 **갈까요?** 一起去公园怎么样?
> 우리 같이 노래를 부를**까요?** 我们一起唱歌怎么样?
> 같이 저녁 먹을**까요?** 一起吃晚饭怎么样?
> 우리 같이 청소할**까요?** 我们一起打扫怎么样?

**2.** 대답으로는 청유의 '(으)ㅂ시다, 지 맙시다, 아요/어요2' 등을 쓴다. ('(으)ㅂ시다' → 206쪽 참고, '아요/어요2' → 106쪽 참고)

回答时用'(으)ㅂ시다, 지 맙시다, 아요/어요2'等来表达。('(으)ㅂ시다' → 参考206页, '아요/어요2' → 参考106页)

> 예 가 : 주말에 영화를 **볼까요?** 周末看电影怎么样?
> 나 : 네, 영화를 **봅시다.** 好的, 看电影吧。
> 　　네, **좋아요.** 好的。
>
> 가 : 밖으로 나**갈까요?** 到外边去怎么样?
> 나 : 아니요, 추우니까 나가**지 맙시다.** 不, 太冷了别出去了。
> 　　아니요, 추우니까 집에 있**어요.** 不, 太冷了在家(吧)。

**3.** 불규칙의 경우는 다음과 같다.

不规则变化如下。

> 예 여기에서 **놀까요?** (놀다) 在这里玩儿怎么样?
> 조용한 음악을 **들을까요?** (듣다) 听安静的音乐怎么样?
> 다 같이 **도울까요?** (돕다) 一起帮忙怎么样?

같이 도서관에 갈까요?

네, 좋아요.

# 을까요?/ㄹ까요?2

| 동사 | 주다 | 먹다 |
|------|------|------|
|  | 줄까요? | 먹을까요? |

**1.** 말하는 사람의 제안에 대해 듣는 사람의 생각을 물을 때 쓴다. 이때 보통 주어는 '나(저)'이다.

表示说话人向听话人提出自己的提案时使用。这时的主语通常为'나(저)'。

> 예 제가 먼저 가서 기다릴**까요**? 我先去等怎么样?
> 제가 지금 시작할**까요**? 我现在开始怎么样?
> 내가 이 책을 읽을**까**? 我来念这本书怎么样?

**2.** 대답으로는 명령의 '(으)십시오, (으)세요, 지 마십시오, 지 마세요, 아요/어요2' 등을 쓴다. ('(으)십시오' → 159쪽 참고, '(으)세요1' → 153쪽 참고, '아요/어요2' → 106쪽 참고)

回答时用'(으)십시오, (으)세요, 지 마십시오, 지 마세요, 아요/어요2'等。('(으)십시오' → 参考159页, '(으)세요1' → 参考153页, '아요/어요2' → 参考106页)

> 예 가 : 텔레비전을 **켤까요**? 打开电视怎么样?
> 나 : 네, **켜세요**. 好的, 开吧。
> 아니요, 시끄러우니까 **켜지 마세요**. 不, 太吵了不要开。
>
> 가 : 더운데 창문을 **열까요**? 很热, 打开窗怎么样?
> 나 : 네, **열어요**. 好的, 开吧。

**3.** 불규칙의 경우는 다음과 같다.

不规则变化如下。

> 예 제가 문을 열까요? (열다) 我来开门怎么样?
> 커피에 설탕을 넣고 저을까요? (젓다) 咖啡里加糖搅拌怎么样?

제가 영호 씨한테 전화할까요?

네, 전화하세요.

# 을까요?/ㄹ까요?3

| 동사/형용사 | 오다 | 찾다 | 바쁘다 | 작다 |
|---|---|---|---|---|
| | 올까요? | 찾을까요? | 바쁠까요? | 작을까요? |

**1.** 말하는 사람이 어떤 상황을 추측해서 질문할 때 쓴다. 이때 주어는 제3자, 사물이다.

表示说话人对某状态进行推测后提问时使用。这时的主语为第三者，或事物。

> 예 친구가 무슨 선물을 좋아**할까요**? 朋友喜欢什么礼物呢?
> 그 사람이 제 시간에 올 수 있**을까요**? 那个人能准时到吗?
> 저 옷이 나한테 어울**릴까**? 那件衣服适合我吗?

**2.** 듣는 사람도 추측해서 대답할 때는 '(으)ㄹ 거예요'를 주로 쓴다.

('(으)ㄹ 거예요2' → 177쪽 참고)

回答时听话人也以推测的方式'(으)ㄹ 거예요'来回答。

('(으)ㄹ 거예요2' → 参考177页)

> 예 가 : 내일 비가 **올까요**? 明天会下雨吗?
> 나 : 네, 비가 올 **거예요**. 是的，会下的。
> 아니요, 비가 오지 않을 **거예요**. 不，不会下雨的。

**3.** 과거 '았/었'과 함께 쓸 수 있다.

与过去'았/었'等一起使用。

> 예 왜 약속을 잊**었을까요**? 为什么会忘了约定呢?
> 가방을 찾**았을까요**? 找到书包了吗?
> 어렸을 때도 많이 뚱뚱**했을까요**? 小的时候也很胖吗?

**4.** '(으)ㄹ까요?' 앞에 명사가 오면 '일까요?'로 쓴다.

名词位于'(으)ㄹ까요?'前面时，变为'일까요?'。

> **예** 저 사람이 학생**일까요**? 那个人是学生吗?
> 이 모자가 어머니의 것**일까요**? 这个帽子是妈妈的吗?

**5.** 불규칙의 경우는 다음과 같다.

不规则变化如下。

> **예** 그 사람이 내 이름을 알까요? (알다) 那个人会知道我的名字吗?
> 내일 날씨가 추울까요? (춥다) 明天天气会冷吗?
> 내가 부르는 소리를 들었을까? (듣다) 能听见我喊的声音吗?
> 아기 이름을 뭐라고 지었을까요? (짓다) 给孩子起什么名字呢?
> 내일은 날씨가 어떨까요? (어떻다) 明天的天气会怎么样呢?

내일은 날씨가 좋을까요?

네, 좋을 거예요.

# 을래요/ㄹ래요

| 동사 | 자다 | 먹다 |
|------|------|------|
|      | 잘래요 | 먹을래요 |

**1.** 말하는 사람이 무엇을 하고 싶다는 의지를 나타낸다. 이때 주어는 '나(저), 우리'이다.

표시说话人想做某事的意志。这时的主语为，'나(저)，우리'。

> 예 그 일은 제가 **할래요**. 那件事情我来做.
> 우리가 다 먹**을래요**. 我们都吃完.
> 피곤해서 (나는) 지금 **잘래**. 累了, (我)先睡了.

**2.** 듣는 사람이 어떻게 하고 싶은지를 물어볼 때 쓴다.

对听话人的想法提问时使用。

> 예 (너는) 커피 마**실래**, 주스 마**실래**? (你)喝咖啡, 还是喝果汁?
> 지금 같이 가**실래요**? 现在一起走怎么样?
> 그분을 한번 만나 보**실래요**? 见一下那个人怎么样?

**3.** 불규칙의 경우는 다음과 같다.

不规则变化如下。

> 예 머리가 아파서 좀 누울래요. (눕다) 头很疼, 想躺一下.
> 다른 음악을 들을래요. (듣다) 想听别的音乐.

뭐 먹을래요?

비빔밥 먹을래요.

'(으)ㄹ래요?'의 대답

'(으)ㄹ래요?'的回答

듣는 사람이 혼자 할 것인지를 묻는 경우, 그 대답으로 긍정이나 부정 모두 '(으)ㄹ래요'를 쓸 수 있다. 하지만 같이 할 것인지를 묻는 경우, 긍정의 대답으로는 '좋아요, (으)ㅂ시다'를 쓰고 부정의 대답으로는 '(으)ㄹ래요'를 쓴다.

向听话人提出是否想自己做某事的情况下，回答时肯定，否定都可以用'(으)ㄹ래요'。提出是否想一起做某事时，肯定的回答要用'좋아요,(으)ㅂ시다'，否定的回答可以用'(으)ㄹ래요'。

1) 듣는 사람이 혼자 할 것인지를 묻는 경우

   向听话人提出是否想独自做某事的情况下

   **예** 가 : 영호 씨, 먼저 집에 가실래요? 荣浩, 先回家怎么样?

   　　나 : 네, 갈래요. 好的。

   　　　　아니요, 안 갈래요. 不，不先回去。

2) 질문한 사람과 같이 할 것인지를 묻는 경우

   向听话人提出是否想一起做某事的情况下

   **예** 가 : 영호 씨, 지금 같이 가실래요? 荣浩, 现在一起走怎么样?

   　　나 : 네, 좋아요. 好的。

   　　　　아니요, 안 갈래요. 不，不一起走。

# 을지 모르겠다/ㄹ지 모르겠다

| 동사 | 사다 | 찾다 |
|------|------|------|
| | 살지 모르겠다 | 찾을지 모르겠다 |

**1.** 알 수 없는 결과에 대한 걱정을 나타낸다.

对现在无法知道的事实担心时使用。

> **예** 영호 씨가 아파서 내일 **올지 모르겠어요**. 荣浩生病了，不知道明天能不能来。
> 사람이 많아서 표가 **있을지 모르겠어요**. 人太多了，不知道有没有票。
> 여기에서 사진을 찍어도 **될지 모르겠어요**. 不知道可不可以在这里照相。

**2.** '(으)ㄹ 수 있다'와 함께 쓰여 '(으)ㄹ 수 있을지 모르겠어요'로 쓸 수 있다.
('(으)ㄹ 수 있다' → 186쪽 참고)

与'(으)ㄹ 수 있다'一起使用，变为'(으)ㄹ 수 있을지 모르겠어요'。
('(으)ㄹ 수 있다' → 参考186页)

> **예** 시험을 잘 **볼 수 있을지 모르겠어요**. 不知道能不能考好。
> 눈이 많이 오는데 택시를 잡을 **수 있을지 모르겠어요**. 下了很多雪，不知道能不能打到的士。
> 일이 너무 많아서 일찍 퇴근**할 수 있을지 모르겠어요**. 事情太多了，不知道能不能早点下班。

**3.** 과거 '았/었'과 함께 쓸 수 있다. 이때 '았을지/었을지 모르겠어요'는 '았는지/
었는지 모르겠어요'로 바꿔 쓸 수 있다.

可以与表示过去的'았/었'一起使用。这时的'았을지/었을지 모르겠어요'变为
'았는지/었는지 모르겠어요'使用。

> **예** 제시간에 도착**했을지 모르겠어요**. 不知道能不能正点到达。
> 제시간에 도착**했는지 모르겠어요**.
>
> 유리 씨가 그 선물을 받**았을지 모르겠어요**. 不知道刘丽收没收到礼物。
> 유리 씨가 그 선물을 받**았는지 모르겠어요**.

**4.** 불규칙의 경우는 다음과 같다.

不规则变化如下。

> 예 영호 씨가 김 선생님을 알지 모르겠어요. (알다) 不知道荣浩认不认识老师。
>
> 그 사람이 내 말을 들을지 모르겠어요. (듣다) 不知道那个人能不能听我的话。

주말에 영화를 볼까요?

일이 많아서 시간이 있을지 모르겠어요.

# 읍시다/ㅂ시다

| 동사 | 보다 | 앉다 |
|------|------|------|
|      | 봅시다 | 앉읍시다 |

**1.** 상대방에게 어떤 일을 같이 하자고 할 때 쓴다. 이때 주어는 '우리'이다.

表示向对方提出一起做某事时使用。这时的主语为'우리'。

> 예 (우리) 내일 만**납시다**. (我们) 明天见面吧。
> (우리) 저기 소파에 앉**읍시다**. (我们) 坐在那边的沙发吧。
> 같이 공부**합시다**. 一起学习吧。

**2.** 미래 '겠' 등은 함께 쓰지 않는다.

不能与表示未来的'겠' 等一起使用。

> 예 다음 주에 같이 **갑시다**. (○) 下周一起去吧。
> 다음 주에 같이 가겠읍시다. (×)

**3.** 불규칙의 경우는 다음과 같다.

不规则变化如下。

> 예 한국 음식을 만듭시다. (만들다) 做韩国料理吧。
> 같이 걸읍시다. (걷다) 一起散步吧。
> 서로 도웁시다. (돕다) 互相帮助吧。

이번 방학에 여행을 갑시다.

네, 좋아요.

'(으)ㅂ시다'와 '지요'의 차이 ('지요' → 236쪽 참고)
'(으)ㅂ시다'与 '지요'的区别 ('지요' → 参考236页)

'(으)ㅂ시다'는 친구들이나 가까운 사람에게는 쓸 수 있지만 상대방을 높여서 말할 때는 예의 없는 표현이 될 수 있기 때문에 '지요'를 사용하는 것이 좋다.
'(으)ㅂ시다'可以与亲近的人一起使用，但在需要尊敬对方的的情况下使用会比较失礼，这时可以用 '지요'来回答。

**예** (같이) 봅시다. (一起)走吧。
(저와 같이) 보시지요. (和我 一起)走吧。

(같이) 먹읍시다. (一起)吃吧。
선생님, (저와 같이) 드시지요. 老师, (和我一起)吃吧。

# 의

| 명사 | 나라 | 사전 |
|------|------|------|
|      | 나라**의** | 사전**의** |

**1.** '(명사1)+의+(명사2)'의 형태로 쓰여 명사1이 명사2를 가지고 있거나 명사2가 명사1에 속해 있음을 나타낸다. 이때 '의'를 생략할 수 있다.
以'(名词1)+의+(名词2)'的形态使用，表示所有。这时可以省略'의'。

> 예 그것은 아버지**의** 우산입니다. 那个是爸爸的雨伞。
> 피아노(**의**) 소리가 들려요. 能听见钢琴(的)声音。
> 우리(**의**) 학생이에요. 我们(的)学生。

**2.** '저의, 나의, 너의'는 '제, 내, 네'로 바꿔 쓸 수 있다.
'저의, 나의, 너의'可以变为'제, 내, 네'来使用。

> 예 **제** 친구입니다. 我的朋友。
> 저게 **네** 책이니? 那是你的书吗?
> **내** 동생이야. 我的弟弟。

**3.** '(명사1)+의+(명사2)'의 형태에서 두 명사의 관계가 비유, 수량을 나타내거나 두 명사 사이에 다른 말이 있는 경우에는 '의'를 생략할 수 없다.
'(名词1)+의+(名词2)'的形态，两个名词的关系为比喻，数量，两个名词之间有别的话时不可以省略'의'。

> 예 5월은 신록**의** 계절입니다. (비유) 5月是深绿的季节。(比喻)
> 한 잔**의** 술 (수량) 一杯的酒。(数量)
> 선생님**의** 예쁜 가방 ('선생님'과 '가방' 사이에 '예쁜'이 있음)
> 老师的漂亮背包。('老师'与'背包'之间有'漂亮')

요즘 한국의 날씨가 어때요?

많이 추워졌어요.

# 이/가

| 명사 | 친구 | 학생 |
|---|---|---|
| | 친구가 | 학생이 |

**1.** 문장에서 주어를 나타낸다.

体现文章的主语。

> 예 이것이 책입니다. 这个是书。
> 회사원이 아닙니다. 不是公司职员。
> 학생이 공부합니다. 学生学习。
> 친구가 빵을 먹습니다. 朋友吃面包。
> 학교가 있습니다. 有学校。

**2.** 행동하는 사람이 윗사람일 때는 '이/가' 대신에 '께서'를 쓴다.
('께서' → 30쪽 참고)

表示发出行为的人为长辈, 或上司时, 代替 '이/가', 使用'께서'。
('께서' → 参考30页)

> 예 아버지께서 가십니다. 爸爸走了。
> 선생님께서 말씀하십니다. 老师讲话。
> 할아버지께서 신문을 읽으십니다. 爷爷看报纸。

**3.** '나(저), 너, 누구' 뒤에 '이/가' 올 때는 '내가(제가), 네가, 누가'로 바뀐다.
'나(저), 너, 누구'后接'이/가' 时, 变为 '내가(제가), 네가, 누가'。

> 예 내가 청소했어. (○) 我打扫了。
> 나가 청소했어. (×)
>
> 제가 먹었어요. (○) 我吃了。
> 저가 먹었어요. (×)
>
> 네가 어제 우리집에 왔어? (○) 你昨天来我家了吗?
> 너가 어제 우리집에 왔어? (×)
>
> 누가 한국어를 가르칩니까? (○) 谁教韩国语?
> 누구가 한국어를 가르칩니까? (×)

어디가 아파요?

머리가 아파요.

**더 생각해보기**

'이/가'와 '은/는'의 차이 ('은/는' → 173쪽 참고)
'이/가'与 '은/는'的区别 ('은/는' → 参考173页)

처음 말하는 주제에 대해서는 '이/가'를 쓰고 이미 말한 주제에 대해서 다시 말할 때는 '은/는'을 쓴다.
对第一次提到的主题叙述时用'이/가', 对已经提到的主题从新叙述时用'은/는'来使用。

예 가 : 저 사람이 김영호 씨입니까? 那个人是荣浩吗?
　　나 : 네, 김영호 씨입니다. 是的, 是荣浩。
　　가 : 김영호 씨는 회사원입니까? 金荣浩是公司职员吗?
　　나 : 네, 회사원입니다. 是的, 是公司职员。

## 이 되다/가 되다

| 명사 | 의사 | 선생님 |
|------|------|--------|
|      | 의사가 되다 | 선생님이 되다 |

**1.** 어떤 때나 상태에 이르게 되는 것을 나타낸다.

表示达成某种状态时使用。

> 예 선생님이 **되고 싶어요**? 想成为老师吗?
> 30살이 **되면** 결혼할 거예요. 打算到30岁结婚。
> 봄이 지나고 여름이 **되었어요**. 春天过去，到夏天了。

10년 후에 무엇이 되고 싶어요?

의사가 되고 싶어요.

# 이 아니다/가 아니다

| 명사 | 의자 | 책상 |
|------|------|------|
|      | 의자가 아니다 | 책상이 아니다 |

**1.** '이에요/예요', '입니다'의 부정형이다. ('이에요/예요' → 219쪽 참고, '입니다' → 221쪽 참고)

是'이에요/예요', '입니다'的否定形式。('이에요/예요' → 参考219页, '입니다' → 参考221页)

> **예** 가 : 책상이에요? 是书桌吗?
> 나 : 아니요, 책상**이 아니에요**. 不是, 不是书桌。
>
> 가 : 여자 친구예요? 是女朋友吗?
> 나 : 아니요, 제 여자 친구**가 아니에요**. 不是, 不是我的女朋友。
>
> 가 : 학생입니까? 是学生吗?
> 나 : 아니요, 학생**이 아닙니다**. 不是, 不是学生。

**2.** 문장에서 '(명사1)+은/는+(명사2)+이/가 아니다'로 쓸 수 있다.

在文章中以'(명사1)+은/는+(명사2)+이/가 아니다'来使用。

> **예** 저는 학생**이 아닙니다**. 我不是学生。
> 이것은 사과**가 아닙니다**. 这个不是苹果。

한국 사람이에요?

아니요, 한국 사람이 아니에요.
중국 사람이에요.

# 이나/나1

| 명사 | 버스 | 빵 |
|------|------|-----|
|      | 버스나 | 빵이나 |

**1.** '(명사1)+이나/나+(명사2)'의 형태로 쓰여 두 명사 중 하나를 선택할 때 쓴다.

以'(名词1)+이나/나+(名词2)'的形态表示两个名词中选择一项时使用。

> 예 버스나 지하철로 갈까? 坐汽车或地铁走吧?
> 후식으로 과일**이나** 케이크를 먹습니다. 餐后吃水果或蛋糕。

**2.** '누구, 무엇, 어디, 언제' 등과 함께 쓸 경우에는 '어떤 것이든지 구별하지 않고 전부'의 의미이다.

与'누구, 무엇, 어디, 언제'等一起使用时，表示全部的意思。

> 예 오고 싶은 사람 **누구나** 오세요. 想来的人谁都可以来。
> 저는 **무엇이나** 다 잘 먹어요. 我什么都能吃。

이번 방학에 산이나 바다로 놀러 갈까요?

그래요.

# 이나/나2

| 명사 | 열 개 | 한 시간 |
|---|---|---|
| | 열 개나 | 한 시간이나 |

**1.** 수량과 함께 쓰여 생각보다 많음을 나타낸다.

与数量词一起使用，表示比想象的要多。

> 예 바나나를 열 개**나** 먹었어요. 吃了10个香蕉。
> 버스를 30분**이나** 기다렸어요. 等了30分钟汽车。

**2.** 수량이 어느 정도 되는지 물어볼 때 쓴다.

表示对数量的多少提问时使用。

> 예 손님이 몇 분**이나** 오세요? 来了几位客人?
> 거기까지 얼마**나** 걸려요? 到那需要多长时间?

피곤해 보여요.

운동을 3시간이나 했어요.

# 이든지/든지

| 명사 | 나라 | 과일 |
|------|------|------|
|      | 나라든지 | 과일이든지 |

**1.** '어떤, 무슨, 어느+명사+(이)든지'의 형태로 쓰여 하나를 정하거나 고르지 않고 모두 괜찮음을 나타낸다.

以'어떤, 무슨, 어느+명사+(이)든지'的形态使用, 表示选择其一, 或者表示不做出选择、都可以的意思。

> 예 무슨 말**이든지** 해 봐. 不管是什么话, 说说看。
> 어떤 일**이든지** 할 수 있어요. 什么事情都能做。
> 어느 것**이든지** 마음대로 고르세요. 无论什么, 随便挑。
> 무슨 과일**이든지** 다 잘 먹어요. 无论什么水果都能吃。

**2.** '무엇(뭐), 누구, 언제, 어디, 얼마' 등과 자주 쓴다.

常与'무엇(뭐), 누구, 언제, 어디, 얼마'等一起使用。

> 예 뭐**든지** 잘 먹는 사람이 좋아요. 喜欢什么都能吃的人。
> 일이 쉬워서 누구**든지** 할 수 있을 거예요. 事情很简单谁都能做。
> 시간이 있으니까 언제**든지** 만날 수 있어요. 因为有时间, 什么时候都可以。
> 어디**든지** 가고 싶은 곳이 있으면 말해 봐. 无论有什么想去的地方都跟我说。
> 음식이 많으니까 얼마**든지** 드세요. 因为食物足够, 想吃多少都可以。

유리 씨는 무슨 음식을 잘 먹어요?

뭐든지 다 잘 먹어요.

# 이라서/라서

| 명사 | 친구 | 어른 |
|------|------|------|
|      | 친구라서 | 어른이라서 |

**1.** [A (이)라서 B] A가 B의 이유를 나타낸다.

[A (이)라서 B] 先行句A是后行句B的理由。

> 🔵 외국인**이라서** 한국말을 잘 몰라요. 因为是外国人所以不会说韩国语。
> 늦은 시간**이라서** 전화하기가 어렵군요. 因为时间不早了，所以不方便打电话。
> 관광지**라서** 사람이 많아요. 因为是观光地，所以人很多。

**2.** [A (이)라서 B] A는 '이다'와 함께 쓸 수 있는 명사에만 사용할 수 있다.

[A (이)라서 B] A只能与'이다'结尾的名词一起使用。

> 🔵 시험 기간**이라서** 도서관에 자리가 없어요. (시험 기간이에요. 도서관에 자리가 없
> 어요.) 因为是考试期间，所以图书馆没有位置。(是考试期间。图书馆没有位置。)
> 수업 시간**이라서** 전화를 받을 수 없었어요. (수업 시간이었어요. 전화를 받을 수
> 없었어요.) 因为是上课的期间，所以不能接电话。(是上课的期间。不能接电话。)

**3.** 비슷한 표현으로 '(이)기 때문에'가 있다. ('기 때문에' → 19쪽 참고) 이때 '(이)
라서'는 말할 때 많이 쓰고 '(이)기 때문에'는 문어체에서 많이 쓴다.
类似的语法有'이기 때문에'。('기 때문에' → 参考19页) 这时的'(이)라
서'常用在口语中，'(이)기 때문에'常用在书面语中。

> 🔵 주말**이라서** 시내가 복잡해요. 因为是周末，所以市内很拥挤。
> 주말**이기 때문에** 시내가 복잡해요.

왜 전화를 안 받았어요?

수업 시간이라서 전화를
받을 수 없었어요.

# 이랑/랑

| 명사 | 의자 | 책 |
|------|------|------|
|      | 의자랑 | 책이랑 |

**1.** 두 개 이상의 대상이 함께함을 나타낸다.

表示两个以上的对象连接，跟同时使用。

> 예 생선**이랑** 고기값이 많이 비싸졌어요. 肉类和鱼类都涨价了。
> 제가 동생**이랑** 닮았어요? 我和弟弟长得很像吗?
> 너**랑** 나**랑** 친구야. 你和我是朋友。

**2.** 어떤 일을 같이 하는 사람을 나타낸다. 이때 '(이)랑 같이'로 쓸 수 있다.

表示一起做某事的人出现时使用。这时用'(이)랑 같이'来表达。

> 예 저는 친구**랑 같이** 농구를 했어요. 我和朋友一起打篮球。
> 유리 씨는 동생**이랑 같이** 집 청소를 했어요. 刘丽和弟弟一起打扫了家。

**3.** 혼자 할 수 없는 일 '사귀다, 싸우다, 결혼하다' 등은 '(이)랑 사귀다, 싸우다, 결혼하다' 등으로 쓴다.

与自己不能做的行为 '사귀다, 싸우다, 결혼하다'等，使用时变为'(이)랑 사귀다, 싸우다, 결혼하다'。

> 예 영호 씨가 동생**이랑 싸웠어요.** 荣浩和弟弟吵架了。
> 민수 씨가 여자 친구**랑 결혼하기로** 했어요. 民秀决定和女朋友结婚。

**4.** 비교를 나타내는 '같다, 다르다, 비슷하다' 등과 함께 쓸 수 있다.

表示比较时，与'같다, 다르다, 비슷하다'等一起使用。

> 예 민수 씨**랑** 저는 나이가 **같아요.** 民秀和我同岁。
> 한국 문화는 중국 문화**랑 달라요.** 韩国文化和中国文化不同。
> 저는 언니**랑** 성격이 아주 **비슷해요.** 我和姐姐性格相似。

**5.** 비슷한 표현으로 '하고', '와/과'가 있다. ('하고' → 239쪽 참고, '와/과' → 129쪽 참고) '와/과'와 '하고'는 말이나 글에서 모두 쓰이지만 '(이)랑'은 주로 말할 때 쓰인다.

类似的语法有'하고', '와/과'。('하고' → 参考239页, '와/과' → 参考129页) '와/과'和'하고'在书面语和口语当中都可以使用, 但'(이)랑'主要用在口语当中。

예 저는 사과**랑** 배를 좋아해요. 我喜欢苹果和梨。
　　저는 사과**하고** 배를 좋아해요.
　　저는 사과**와** 배를 좋아해요.

누구랑 제일 친하니?

나는 미정이랑 제일 친해.

# 이에요/예요

| 명사 | 교과서 | 사전 |
|------|--------|------|
|      | 교과서예요 | 사전이에요 |

**1.** 주로 명사와 함께 쓰여 현재 상황에 대해 서술하거나 질문할 때 쓴다.

常与名词一起使用，表示叙述现在的状况或提问时使用。

> 예 이 책이 제 책이에요. 这本书是我的书。
>
> 제가 김영호예요. 我是金荣浩。
>
> 여기가 우리 반 교실이에요? 这里是我们班的教室吗?

**2.** '누구, 어디, 언제, 무엇(뭐), 몇, 얼마' 등과 함께 쓸 수 있다.

'누구, 어디, 언제, 무엇(뭐), 몇, 얼마'等使用在文章的结尾。

> 예 가 : 저 사람은 **누구예요**? 那个人是谁?
>
> 나 : 제 친구예요. 是我的朋友。
>
> 가 : 여기가 **어디예요**? 这里是哪里?
>
> 나 : 우리 학교예요. 是我们学校。
>
> 가 : 이게 **뭐예요**? 这是什么?
>
> 나 : 책이에요. 这是书。
>
> 가 : 생일이 **언제예요**? 生日是什么时候?
>
> 나 : 5월 16일이에요. 是5月16日。
>
> 가 : 가족이 **몇** 명이에요? 家庭成员有几位?
>
> 나 : 5명이에요. 有5位。
>
> 가 : 사과가 **얼마예요**? 苹果多少钱?
>
> 나 : 오천 원이에요. 5千韩元。

**3.** 과거 상황에 대해 말할 때에는 '이었어요/였어요'로 쓴다.

对过去状况叙述时用'이었어요/였어요'来使用。

> 예 10년 전에 저는 대학생**이었어요**. 10年前我是大学生。
>
> 이 건물은 옛날에 학교**였어요**. 这个楼以前是学校。

이게 뭐예요?

한국어 사전이에요.

# 입니다

| 명사 | 의자 | 책 |
|------|------|------|
|  | 의자**입니다** | 책**입니다** |

**1.** 주로 명사와 함께 쓰여 현재 상황에 대해 공식적으로 쓰는 평서문이다.

常与名词在一起，表示对现在状况正式的叙述时使用。

> 예 5시**입니다**. 5点钟。
> 오늘은 월요일**입니다**. 今天是星期一。
> 제 이름은 김유리**입니다**. 我的名字叫金琉璃。
> 지금은 수업 중**입니다**. 现在是上课中。

**2.** 과거 상황에 대해 말할 때에는 '이었습니다/였습니다'로 쓴다.

对过去状况叙述时用'이었습니다/였습니다'来使用。

> 예 5년 전에 우리 고향은 작은 도시**였습니다**. 5年前我们的家乡是个小城市。
> 저 사람은 작년에 우리 반 학생**이었습니다**. 那个人去年是我们班的学生。

여기가 한국어 교실입니까?

네, 한국어 교실입니다.

## 입니까?

| 명사 | 의자 | 책 |
|---|---|---|
| | 의자**입니까?** | 책**입니까?** |

**1.** 주로 명사와 함께 쓰여 공식적으로 질문할 때 사용한다.

常与名词在一起，表示在正式的问时使用。

> 예 몇 시**입니까?** 几点了?
> 오늘은 수요일**입니까?** 今天是星期三吗?
> 회의가 몇 시**입니까?** 会议几点开始?
> 누가 김민수 씨**입니까?** 谁是金民秀?

**2.** 과거 상황에 대해 말할 때에는 '이었습니까?/였습니까?'로 쓴다.

在叙述过去的状况时，用'이었습니까?/였습니까?'来表达。

> 예 여기가 전에 병원**이었습니까?** 这里从前是医院吗?
> 방금 간 사람이 누구**였습니까?** 刚走的人是谁?

오늘은 무슨 요일입니까?

월요일입니다.

# 자

| 동사 | 가다 | 먹다 |
|------|------|------|
|      | 가**자** | 먹**자** |

**1.** 청유 '(으)ㅂ시다'의 반말 표현으로 아주 친한 사이나 아랫사람에게 권유할 때 쓴
다. 이때 아주 친한 윗사람에게도 사용할 수 있다. ('(으)ㅂ시다' → 206쪽 참고)
是劝诱'(으)ㅂ시다'的非敬语形式，用于非常亲近人，或下属时使用。此
时可以用在非常亲近的上司，或长辈。('(으)ㅂ시다' → 参考206页)

> 예 가 : 점심시간인데 밥 먹**자**. 中午时间了，吃饭吧。
> 　　나 : 그래, 좋아. 好的。
>
> 　　가 : 내일 같이 영화 보러 가**자**. 明天一起去看电影吧。
> 　　나 : 내일은 약속이 있어. 모레 가**자**. 明天有约会。后天去吧。

**2.** 부정의 표현으로 '지 말자'를 쓴다.
表示否定时用'지 말자'。

> 예 오늘은 비가 오니까 등산하**지 말자**. 今天下雨了，别去登山了。
> 　　재미없으니까 보**지 말자**. 没有意思，别看了。

같이 테니스 치자.

그래, 좋아.

---

### 더 생각해보기

**반말 표현** 非敬语语法

| | |
|---|---|
| 아/어1 → 81쪽 참고 | 아/어1 → 参考81页 |
| 아/어2 → 84쪽 참고 | 아/어2 → 参考84页 |
| 자 → 223쪽 참고 | 자 → 参考223页 |
| 니/(으)니? → 62쪽 참고 | 니/(으)니? → 参考62页 |
| 아라/어라 → 86쪽 참고 | 아라/어라 → 参考86页 |
| 는다/다2 → 52쪽 참고 | 는다/다2 → 参考52页 |

# 자고 하다

| 동사 | 보다 | 읽다 |
|------|------|------|
|      | 보자고 하다 | 읽자고 하다 |

**1.** 어떤 사람이 함께 하려고 제안한 것을 전달할 때 쓴다.

表示传达某人想一起做某事时使用。

> 📖 친구가 도서관에서 같이 공부하**자고 했어요.** (친구 : "도서관에서 같이 공부합시다.")
> 朋友说，想一起去图书馆学习。(朋友："一起去图书馆学习吧。")
> 아버지께서 저녁에 갈비를 먹**자고 하셨어.** (아버지 : "저녁에 갈비를 먹자.")
> 爸爸说，晚上一起吃烤肉。(爸爸："晚上吃烤肉吧。")
> 영호가 길이 막히니까 지하철을 타**자고 했어.** (영호 : "길이 막히니까 지하철을 탑시다.")
> 荣浩说，因为路很堵所以坐地铁。(荣浩："路很堵坐地铁吧。")

**2.** 말하는 사람 자신이 한 말을 다시 전달할 때도 쓴다.

表示说话人从新传达自己说过的话时使用。

> 📖 제가 친구에게 같이 밥 먹**자고 했어요.** (나 : "같이 밥 먹자")
> 我对朋友说，一起吃饭吧。(我："一起吃饭吧。")
> 제가 유리 씨에게 같이 여행 가**자고 했어요.** (나 : "유리 씨, 같이 여행 갑시다.")
> 我对刘丽说，一起去旅行吧。(我："刘丽，一起去旅行吧。")

**3.** 부정의 경우 '지 말다'와 함께 써서 '지 말자고 하다'로 쓴다.

('지 말다' → 227쪽 참고)

否定的情况下与'지 말다'一起使用，变为'지 말자고 하다'来表达。

('지 말다' → 参考227页)

> 📖 영호 씨가 오늘 만나**지 말자고 했어요.** (영호 : "오늘 만나지 말자.")
> 荣浩说，今天不要见面了。(荣浩："今天不要见面了。")
> 유리 씨가 기다리**지 말자고 했어요.** (유리 : "기다리지 맙시다.")
> 刘丽说，不要再等了。(刘丽："不要等了。")

민수 씨가 뭐라고 말했어요?

같이 도서관에 가자고 했어요.

# 중에서

| 명사 | 구두 | 계절 |
|---|---|---|
| | 구두 **중에서** | 계절 **중에서** |

**1.** '여러 가지 안에서'의 의미로 쓴다.

表示包含在许多里的意思。

> 예 이것들 **중에서** 하나만 고르십시오. 在这里选一个。
> 우리 **중에서** 누가 제일 예뻐요? 我们当中谁漂亮?
> 사계절 **중에서** 어느 계절을 제일 좋아해요? 四季当中最喜欢什么季节?
> 과일 **중에서** 사과를 제일 좋아해요. 水果中，最喜欢苹果。

과일 중에서 뭘 제일 좋아해요?

저는 사과를 제일 좋아해요.

# 지 말다

| 동사 | 가다 | 먹다 |
|------|------|------|
|      | 가지 말다 | 먹지 말다 |

**1.** 듣는 사람에게 어떤 행동을 하지 못하도록 할 때 사용한다. 명령 '(으)세요,
(으)십시오', 청유 '(으)ㅂ시다, (으)ㄹ까요?' 등과 함께 쓴다.

表示要求听话人不要做某事时使用。与命令'(으)세요，(으)십시오'，劝诱
'(으)ㅂ시다，(으)ㄹ까요?'等一起使用。

> **예** 시험이 쉬우니까 걱정하**지 마세요.** 考试很简单不要担心。
> 길이 복잡하니까 택시를 타**지 마십시오.** 路很堵不要打车。
> 도서관이니까 떠들**지 맙시다.** 在图书馆不要喧哗。
> 오늘은 바쁘니까 가**지 말까요?** 今天很忙，不去怎么样?

**2.** '지 말다'에 '고'를 연결하여 [A지 말고 B]의 형태로 쓰여 듣는 사람에게 A 대
신에 B를 요청하거나 제안할 때 사용한다.

'지 말다'与'고'连接，变为 [A지 말고 B]的形态，表示向听话人代替A
邀请，或提案B时使用。

> **예** 지금 가**지 말고** 내일 갑시다. 现在不要去，明天去吧。
> 지금 가**지 말고** 내일 갈까요? 现在不去，明天去怎么样?
> 지금 가**지 말고** 내일 가세요. 请不要现在去，明天去吧。

여기에서는 떠들지 마세요.

네, 죄송합니다.

# 지 못하다

| 동사 | 가다 | 읽다 |
|---|---|---|
| | 가지 **못하다** | 읽지 **못하다** |

**1.** 능력이 안 되거나 다른 이유 때문에 그 일을 할 수 없음을 나타낸다.
表示没有能力，或因为其他原因不能做某事时使用。

> 예 한국말을 잘하지 **못해요**. 不会说韩国语。
> 일이 많아서 집에 일찍 가지 **못해요**. 因为事情很多不能早点回家。
> 매운 음식을 먹지 **못해요**. 不能吃辣的食物。

**2.** 비슷한 표현으로 '못, (으)ㄹ 수 없다'가 있다. ('못' → 71쪽 참고, '(으)ㄹ 수
있다[없다]' → 186쪽 참고)
类似的语法有'못, (으)ㄹ 수 없다'。('못' → 参考71页, '(으)ㄹ 수 있
다[없다]' → 参考186页)

> 예 수영을 하지 **못해요**. 不能游泳。
> 수영을 **못해요**.
> 수영을 할 수 없어요.
>
> 목이 아파서 음식을 먹지 **못해요**. 因为嗓子疼，不能吃东西。
> 목이 아파서 음식을 **못 먹어요**.
> 목이 아파서 음식을 먹을 수 없어요.

**3.** 과거 상황에 대해 말할 때에는 '지 못했다'로 쓰고 미래·추측 상황에 대해
말할 때에는 '지 못하겠다, 지 못할 것이다'로 쓴다.
对过去状况叙述时用'지 못했다', 对未来·推测的状况叙述时, '지 못
하겠다, 지 못할 것이다'来使用。

> 예 숙제를 하지 **못했어요**? 没有完成作业吗?
> 배가 아파서 점심을 먹지 **못했어요**. 因为肚子疼，没有吃午饭。
> 시간이 없어서 가지 **못하겠어요**. 因为没有时间，不能去了。
> 영호 씨가 오늘 학교에 오지 **못할 거예요**. 荣浩今天不能来学校。

어제 모임에 갔어요?

바빠서 가지 못했어요.

**더 생각해보기**

'지 못하다'와 '지 않다'의 차이 ('지 않다' → 230쪽 참고)
'지 못하다'与 '지 않다'的区别 ('지 않다' → 参考230页)

'지 못하다'는 하려고 하지만 마음대로 되지 않거나 할 수 없음을 나타내지만 '지 않다'는 그 일을 할 생각이 없음을 나타낸다.
'지 못하다'表示想做, 但是能力有限时使用, '지 않다'表示不想去做某事。

예 밥이 없어서 밥을 먹지 못했어요. 因为没有饭所以没有吃饭。
밥이 있는데 밥을 먹지 않았어요. 有饭但是不想吃饭。

# 지 않다

| 동사/형용사 | 만나다 | 찾다 | 비싸다 | 좋다 |
|---|---|---|---|---|
| | 만나지 않다 | 찾지 않다 | 비싸지 않다 | 좋지 않다 |

**1.** 어떤 일이나 상태에 대한 부정을 나타낸다.

表示对某事发生的状态进行否定时使用。

> 예 주말에는 학교에 가**지 않습니다**. 周末不去学校。
> 기분이 좋**지 않아요**. 心情不好。
> 요즘은 바쁘**지 않습니다**. 最近不忙。

**2.** 비슷한 표현으로 '안'이 있다. ('안' → 109쪽 참고) '지 않다'는 '안'보다 공식적인 상황에 쓴다.

类似的语法有'안'。 ('안' → 参考109页) '지 않다'比起'안'使用在更加正式的状况下。

> 예 오늘은 회의를 하**지 않습니다**. 今天不开会。
> 일요일에는 회사에 **안 가요**. 周日不去学校。

**3.** '알다, 있다'는 '지 않다'와 함께 쓰지 않고 '모르다, 없다'로 쓴다.

'알다, 있다'不与 '지 않다'一起使用，与'모르다, 없다'一起使用。

> 예 그 사람을 알지 않습니다. (×)
> 그 사람을 **모릅니다**. (○) 不认识那个人。
> 냉장고에 사과가 있지 않습니다. (×)
> 냉장고에 사과가 **없습니다**. (○) 冰箱里没有苹果。

**4.** 과거 상황에 대해 말할 때에는 '지 않았다'로 쓰고 미래·추측 상황에 대해 말할 때에는 '지 않겠다, 지 않을 것이다'로 쓴다.

对过去状况叙述时用'지 않았다'，对未来·推测的状况叙述时用，'지 않겠다, 지 않을 것이다'来使用。

> 예 눈이 오**지 않았어요**. 没有下雪。
> 이번 방학에는 여행을 가**지 않겠어요**. 这个假期不去旅行。
> 그 말을 믿**지 않을 거예요**. 不相信那句话。

**5.** '지 않아요?'의 형태로 쓸 때는 말하는 사람이 어떤 상황에 대한 확신이 없거나 듣는 사람에게 상황을 다시 한번 확인하려고 물어볼 때 사용되기도 한다.
以'지 않아요?'的形态来使用时，表示说话人对某种状况不确定，或向听话人重新确认状况时使用。

예 오늘 정말 춥**지 않아요**? 今天真的很冷吧？
　　주말에는 보통 사람들이 쉬**지 않아요**? 大部分的人周末都休息吧？

주말에도 일해요?

아니요, 주말에는 일하지 않아요.

---

**더 생각해보기**

'지 않다'와 '지 못하다'의 차이 ('지 못하다' → 228쪽 참고)
'지 않다'与'지 못하다'的区别 ('지 못하다' → 参考228页)

'지 못하다'는 하려고 하지만 마음대로 되지 않거나 할 수 없음을 나타내지만 '지 않다'는 그 일을 할 생각이 없음을 나타낸다.
'지 못하다'表示想做，但是能力有限时使用，'지 않다'表示不想去做某事。

예 밥이 없어서 밥을 먹지 **못했어요**. 因为没有饭所以没有吃饭。
　　밥이 있는데 밥을 먹지 **않았어요**. 有饭但是不想吃饭。

# 지만

| 동사/형용사 | 가다 | 읽다 | 나쁘다 | 어렵다 |
|---|---|---|---|---|
| | 가**지만** | 읽**지만** | 나쁘**지만** | 어렵**지만** |

**1.** [A 지만 B] A와 B가 대조·반대임을 나타낸다.

[A 지만 B] 表示A与B对照·相反。

> **예** 안은 따뜻하**지만** 밖은 추워요. 里面很暖和, 外边很冷。
>
> 한국어 발음이 어렵**지만** 열심히 연습하고 있어요. 韩国语发音虽然很难, 但是在努力练习。
>
> 나는 소설책을 좋아하**지만** 동생은 소설책을 좋아하지 않아요. 我喜欢小说, 但是弟弟不喜欢小说。

**2.** '미안하다, 실례하다, 죄송하다'와 함께 쓰여 상대방에게 정중히 말할 때 사용한다.

与'미안하다, 실례하다, 죄송하다'一起使用, 表示向对方郑重地说某事时使用。

> **예** **미안하지만** 잠깐 들어가도 될까요? 很抱歉, 能进去一下吗?
>
> **실례하지만**(실례지만) 가까운 지하철역이 어디에 있어요? 失礼了, 离这里最近的地铁站在哪里?
>
> **죄송하지만** 이것 좀 들어 주세요. 很抱歉, 请(帮我)拎一下东西。

**3.** 과거 '았/었', 미래·추측 '겠' 등과 함께 쓸 수 있다.

与过去 '았/었', 未来·推测 '겠'等一起使用。

> **예** 한국에서 1년을 살**았지만** 아직 한국말을 잘 모릅니다. 虽然在韩国生活了1年, 但是还是不太会说韩国语。
>
> 내일은 날씨가 좋**겠지만** 주말에는 비가 올 거예요. 明天天气很好, 但是周末会下雨。

**4.** '지만' 앞에 명사가 오면 '(이)지만'으로 쓴다.

名词位于'지만'前面时, 变为 '(이)지만'来使用。

> 예 그 사람은 가수**지만** 노래를 잘 못해요. 那个人虽然是歌手, 但是歌唱得不好。
> 어려운 일**이지만** 열심히 하겠습니다. 虽然是有难度的事情, 但是会努力做的。
> 저는 대학생**이지만** 동생은 아직 고등학생이에요. 我是大学生, 但是弟弟还是高中生。

한국말 공부가 어때요?

한국말 공부는 어렵지만 재미있어요.

# 지요?

| 동사/형용사 | 오다 | 먹다 | 예쁘다 | 쉽다 |
|---|---|---|---|---|
| | 오지요? | 먹지요? | 예쁘지요? | 쉽지요? |

1. 어떤 사실에 대해서 듣는 사람이 알고 있다고 생각하고 그것을 확인하거나 동의를 얻는 질문을 할 때 쓴다.
   表示认为听话人知道的事实时，去确认或者想征求同意而提问时使用。

   예 가 : 한국 음식을 잘 **먹지요**? 能吃韩国料理吧?
   나 : 네, 한국 음식을 잘 먹어요. 是的, 能吃韩国料理。

   가 : 이 옷이 참 **예쁘지요**? 这件衣服很漂亮吧?
   나 : 네, 옷이 참 예뻐요. 是的, 衣服很漂亮。

   가 : 몇 시에 회의를 **하지요**? 几点开会?
   나 : 두 시에 해요. 两点开会。

2. 과거 '았/었', 미래·추측 '겠' 등과 함께 쓸 수 있다.
   与过去的'았/었', 未来·推测 '겠'等一起使用。

   예 가 : 한국에 처음 **왔지요**? 第一次来韩国吧?
   나 : 네, 처음 왔어요. 是的, 第一次来韩国。

   가 : 그 영화가 재미있**겠지요**? 那个电影会有意思吧?
   나 : 네, 재미있을 거예요. 是的, 会有意思的。

3. '지요?' 앞에 명사가 오면 '(이)지요?'로 쓴다.
   名词位于'지요?'前面时，变为 '(이)지요?'。

   예 가 : 학생**이지요**? 是学生吧?
   나 : 네, 학생이에요. 是的, 是学生。

   가 : 지금 네 시**지요**? 现在4点了吧?
   나 : 네, 지금 네 시예요. 是的, 现在4点了。

불고기를 좋아하지요?

네, 불고기를 좋아해요.

## 더 생각해보기

**'지요?'의 대답**
**'지요?'的回答**

듣는 사람에게 확인하거나 동의를 얻을 때 쓰는 질문이므로 대답으로는 쓰지 않는
다. 이때 대답으로는 '아요/어요, 습니다/ㅂ니다' 등을 쓴다.
表示在认为听话人知道某事实时，确认或者想得到同意时而提问时使用，
不用于回答句。这时的回答可以用'아요/어요, 습니다/ㅂ니다'等来表达。

예 가 : 오늘 날씨가 춥지요? 今天天气冷吧？
　　나 : 네, 추워요. (○) 是的，冷。
　　　　네, 춥지요. (×)

# 지요

| 동사 | 오다 | 먹다 |
|------|------|------|
|      | 오지요 | 먹지요 |

**1.** 말하는 사람이 듣는 사람에게 예의 있게 지시하거나 권유할 때 쓴다.

表示说话人向听话人有礼貌的指示，或劝诱某事时使用。

> 예 내일은 다 같이 식사하**지요**. 明天一起吃饭吧。
>
> 바쁠 텐데 먼저 들어가**지요**. 你好象忙，先走吧。

**2.** 듣는 사람이 윗사람일 때에는 '(으)시지요'로 쓴다. ('(으)시' → 157쪽 참고)

听话人为长辈，上司时变为'(으)시지요'来使用。 ('(으)시' → 参考157页)

> 예 여기 같이 앉**으시지요**. 一起坐在这儿吧。
>
> 조금 더 드**시지요**. 再吃一点儿吧。

커피 한 잔 마시지요.

네, 좋아요.

**더 생각해보기**

- **'지요'와 '(으)ㅂ시다'의 차이 ('(으)ㅂ시다' → 206쪽 참고)**

  '지요'与 '(으)ㅂ시다'的区别 ('(으)ㅂ시다' → 参考206页)

  '(으)ㅂ시다'는 친구들이나 가까운 사람에게는 쓸 수 있지만 상대방을 높여서 말할 때
  는 예의 없는 표현이 될 수 있기 때문에 '(으)시지요'를 사용하는 것이 좋다.

  '(으)ㅂ시다'可以与亲近的人一起使用，但在需要尊敬对方的情况下使用会
  比较失礼，这时可以用 '(으)시지요'来回答。

  예 같이 봅시다. 一起走吧。
  　 저와 같이 보시지요. 和我一起走吧。

- **'지요'와 '(으)십시오'의 차이 ('(으)십시오' → 159쪽 참고)**

  '지요'与 '(으)십시오'的区别 ('(으)십시오' → 参考159页)

  '(으)십시오'는 직접적으로 명령할 때 사용하기 때문에 상대방을 높여서 말할 때는 예의
  없는 표현이 될 수 있다. 그러므로 이때는 '(으)시지요'를 사용하는 것이 좋다.

  '(으)십시오'因为是直接命令时使用，在需要尊敬对方的情况下使用会比较
  失礼，所以这时用'(으)시지요'来回答比较好。

  예 이쪽으로 오십시오. 请来这边吧。
  　 이쪽으로 오시지요. 请来这边吧。

ㄱ　ㄴ

ㄷ　ㅁ

ㅂ

ㅅ　ㅇ

ㅈ　ㅊ　ㅎ

# 처럼

| 명사 | 사과 | 사람 |
|------|------|------|
|      | 사과**처럼** | 사람**처럼** |

**1.** 모양이나 행동이 어떤 것과 비슷하거나 같음을 나타낸다.

表示模样，或动作相似，或一样时使用。

> 예 아이가 어른**처럼** 말해요. 孩子像大人一样说话。
> 나도 너**처럼** 한국말을 잘하고 싶어. 我也想像你一样韩国语说得好。
> 경치가 그림**처럼** 아름다워요. 风景像画一般美丽。

**2.** 비슷한 표현으로 '같이'가 있다.

类似的语法有'같이'。

> 예 마음이 바다**처럼** 넓어요. 心胸像大海一样宽广。
> 마음이 바다**같이** 넓어요.

제주도에 가 보니까 어때요?

경치가 그림처럼 아름다웠어요.

# 하고

| 명사 | 빵 | 구두 |
|------|-----|------|
|      | 빵**하고** | 구두**하고** |

**1.** 두 개 이상의 대상이 함께함을 나타낸다.

表示两个以上的对象一起时使用。

> 예 점심에 빵**하고** 김밥을 먹었어요. 中午吃了面包和紫菜包饭。
> 아버지**하고** 어머니가 계십니다. 爸爸和妈妈在。
> 가방**하고** 구두를 샀어요. 买了皮鞋和背包。

**2.** 어떤 일을 같이 하는 사람을 나타낸다. 이때 '하고 같이'로 쓸 수 있다.

表示一起做某事的人。这时以'하고 같이'来表达。

> 예 저는 친구**하고 같이** 농구를 했어요. 我和朋友一起打篮球。
> 유리 씨는 동생**하고 같이** 집 청소를 했어요. 刘丽和弟弟一起打扫了房间。

**3.** 혼자 할 수 없는 일 '사귀다, 싸우다, 결혼하다' 등은 '하고 사귀다, 싸우다, 결혼하다' 등으로 쓴다.

与自己不能做的行为'사귀다, 싸우다, 결혼하다'等一起使用时, 以'하고 사귀다, 싸우다, 결혼하다'来表达。

> 예 어떤 사람**하고 사귀고** 싶어요? 想和什么样的人交往?
> 동생**하고 싸웠어요.** 和弟弟吵架了。
> 다음 달에 영호 씨**하고 결혼해요.** 下个月和荣浩结婚。

**4.** '같다, 다르다, 비슷하다' 등과 함께 써서 비교의 기준이 된다.

表示比较时, 与'같다, 다르다, 비슷하다'等一起使用。

> 예 민수 씨**하고** 저는 나이가 **같아요.** 民秀和我同岁。
> 한국 문화는 중국 문화**하고 다릅니다.** 韩国文化和中国文化不同。
> 저는 언니**하고** 성격이 아주 **비슷해요.** 我和姐姐性格非常相似。

**5.** 비슷한 표현으로 '와/과'와 '(이)랑'이 있다. ('와/과' → 129쪽 참고, '(이)랑' → 217쪽 참고) '(이)랑'은 주로 말할 때 쓰지만 '와/과'와 '하고'는 말이나 글에서 모두 쓴다.

类似的语法有'와/과'和'(이)랑'。('와/과' → 参考129页，'(이)랑' → 参考217页) '(이)랑'在书面和口语中都能使用，'와/과'与'하고'通常用在口语中。

> 예 저는 농구**하고** 축구를 잘해요. 我擅长篮球和足球。
> 저는 농구**와** 축구를 잘해요.
> 저는 농구**랑** 축구를 잘해요.

누구하고 갈 거예요?

친구하고 같이 갈 거예요.

---

**더 생각해보기**

'하고'와 '그리고'의 차이
'하고'与'그리고'的区别

'하고'는 명사와 명사 사이에만 사용하고 '그리고'는 문장과 문장 사이에도 사용한다.
'하고'用于连接名词和名词，'그리고'用于连接文章和文章。

> 예 포도하고 딸기가 있습니다. 有葡萄和草莓。
> 포도가 있습니다. 그리고 딸기가 있습니다. 有葡萄。还有草莓。

# 한테

| 명사 | 아이 | 동생 |
|------|------|------|
|      | 아이**한테** | 동생**한테** |

**1.** 어떤 행동을 받는 대상을 나타낸다.

表示接受某行为的对象。

> 예 아이**한테** 사탕을 주었어요. 给了孩子糖。
> 외국인**한테** 한국말을 가르쳐요. 教外国人韩国语。
> 동물들**한테** 먹이를 주지 마세요. 不要给动物们食物。

**2.** '주다, 질문하다, 연락하다, 전화하다, 보내다' 등과 자주 쓴다.

与'주다, 질문하다, 연락하다, 전화하다, 보내다'等一起使用。

> 예 친구**한테** 선물을 **줬어요**. 给了朋友礼物。
> 유리 씨**한테** **연락하세요**. 请联系刘丽。

**3.** 비슷한 표현으로 '에게'가 있다. ('에게' → 121쪽 참고) '에게'는 말이나 글에서 모두 쓰지만 '한테'는 주로 말할 때 쓴다.

类似的语法有'에게'。('에게' → 参考121页) '에게'用在书面语和口语当中, '한테'大多用在口语上。

> 예 친구**한테** 편지를 써요. 给朋友写信。
> 친구**에게** 편지를 써요.

**4.** 행동을 받는 사람이 윗사람일 때 '께1'를 쓴다. ('께1' → 28쪽 참고)

接受行为的人为长辈, 或上司时, 变为'께1'来使用。('께1' → 参考28页)

> 예 부모님**께** 용돈을 드렸어요. 给了父母零花钱。
> 할머니**께** 전화를 드렸어요. 给父母打了电话。

**5.** 어떤 행동을 받는 대상이 사물일 때에는 '에4'를 쓴다. ('에4' → 119쪽 참고)

接受行为的对象为事物时，用'에4'。('에4' → 参考119页)

예 나무에 물을 줬어요. 给树浇了水。

회사에 전화를 했어요. 给公司打了电话。

파란색이 저한테 어울릴까요?

그럼요, 아주 잘 어울릴 거예요.

# 한테서

| 명사 | 친구 | 부모님 |
|---|---|---|
| | 친구**한테서** | 부모님**한테서** |

**1.** 어떤 행동의 시작점을 나타낸다. 이때 그 시작점은 사람 또는 동물이다.

表示某行动的始点。这时的始点为人或动物。

> 예 남자 친구**한테서** 선물을 받았어요. 从男朋友那里收到了礼物。
> 고양이**한테서** 냄새가 많이 나요. 猫的身上有异味儿。

**2.** '듣다, 받다, 배우다, 얻다' 등과 함께 많이 쓴다.

常与'듣다, 받다, 배우다, 얻다'等一起使用。

> 예 민수 씨**한테서** 돈을 **받았어요**? 从民秀那里收到钱了吗?
> 친구**한테서** 이 책을 **얻었어요.** 从朋友那里收到了这本书。

**3.** '한테서'의 '서'를 생략할 수 있다.

可以省略'한테서'的'서'来使用。

> 예 친구**한테서** 그 소식을 들었어요. 从朋友那里听到了消息。
> 친구**한테** 그 소식을 들었어요.

**4.** 비슷한 표현으로 '에게서'가 있다. ('에게서' → 123쪽 참고)

类似的语法有'에게서'。('에게서' → 参考123页)

> 예 친구**한테서** 생일 초대를 받았어요. 从朋友那里收到生日邀请。
> 친구**에게서** 생일 초대를 받았어요.

누구한테서 선물을 받았어요?

남자 친구한테서 선물을 받았어요.

## 부록 불규칙 활용

## 1. ㄷ 불규칙

| 단어 | -고 | -는데, -(으)ㄴ데 | -(으)니까 | -아/어요 | -(으)세요 |
|------|-----|------|------|------|------|
| 걷다(走) | 걷고 | 걷는데 | 걸으니까 | 걸어요 | 걸으세요 |
| 듣다(听) | 듣고 | 듣는데 | 들으니까 | 들어요 | 들으세요 |
| 묻다(问) | 묻고 | 묻는데 | 물으니까 | 물어요 | 물으세요 |
| *받다(收) | 받고 | 받는데 | 받으니까 | 받아요 | 받으세요 |
| *닫다(关) | 닫고 | 닫는데 | 닫으니까 | 닫아요 | 닫으세요 |
| *믿다(相信) | 믿고 | 믿는데 | 믿으니까 | 믿어요 | 믿으세요 |

\* : 규칙 활용

## 2. ㄹ 탈락

| 단어 | -고 | -는데, -(으)ㄴ데 | -(으)니까 | -아/어요 | -ㅂ/습니다 |
|------|-----|------|------|------|------|
| 놀다(玩) | 놀고 | 노는데 | 노니까 | 놀아요 | 놉니다 |
| 만들다(做) | 만들고 | 만드는데 | 만드니까 | 만들어요 | 만듭니다 |
| 살다(住) | 살고 | 사는데 | 사니까 | 살아요 | 삽니다 |
| 팔다(卖) | 팔고 | 파는데 | 파니까 | 팔아요 | 팝니다 |
| 길다(长) | 길고 | 긴데 | 기니까 | 길어요 | 깁니다 |
| 멀다(远) | 멀고 | 먼데 | 머니까 | 멀어요 | 멉니다 |

## 3. ㅂ 불규칙

| 단어 | -고 | -는데, -(으)ㄴ데 | -(으)니까 | -아/어요 | -ㅂ/습니다 |
|------|-----|------|------|------|------|
| 덥다(热) | 덥고 | 더운데 | 더우니까 | 더워요 | 덥습니다 |
| 쉽다(容易) | 쉽고 | 쉬운데 | 쉬우니까 | 쉬워요 | 쉽습니다 |
| 눕다(躺) | 눕고 | 눕는데 | 누우니까 | 누워요 | 눕습니다 |
| 돕다(帮) | 돕고 | 돕는데 | 도우니까 | 도와요 | 돕습니다 |
| *입다(穿) | 입고 | 입는데 | 입으니까 | 입어요 | 입습니다 |
| *잡다(抓) | 잡고 | 잡는데 | 잡으니까 | 잡아요 | 잡습니다 |
| *좁다(窄) | 좁고 | 좁은데 | 좁으니까 | 좁아요 | 좁습니다 |

\* : 규칙 활용

## 4. 르 불규칙

| 단어 | -고 | -는데, -(으)ㄴ데 | -(으)니까 | -아/어서 | -았/었어요 |
|------|-----|----------------|-----------|----------|-----------|
| 고르다(选择) | 고르고 | 고르는데 | 고르니까 | 골라서 | 골랐어요 |
| 모르다(不知道) | 모르고 | 모르는데 | 모르니까 | 몰라서 | 몰랐어요 |
| 부르다(叫) | 부르고 | 부르는데 | 부르니까 | 불러서 | 불렀어요 |
| 오르다(上升) | 오르고 | 오르는데 | 오르니까 | 올라서 | 올랐어요 |
| 다르다(不一样) | 다르고 | 다른데 | 다르니까 | 달라서 | 달랐어요 |
| 빠르다(快) | 빠르고 | 빠른데 | 빠르니까 | 빨라서 | 빨랐어요 |

## 5. ㅎ 불규칙

| 단어 | -지만 | -는데, -(으)ㄴ데 | -(으)니까 | -아/어요 | -아/어서 |
|------|-------|----------------|-----------|----------|----------|
| 그렇다(那样) | 그렇지만 | 그런데 | 그러니까 | 그래요 | 그래서 |
| 빨갛다(红) | 빨갛지만 | 빨간데 | 빨가니까 | 빨개요 | 빨개서 |
| 하얗다(白) | 하얗지만 | 하얀데 | 하야니까 | 하얘요 | 하얘서 |
| *좋다(好) | 좋지만 | 좋은데 | 좋으니까 | 좋아요 | 좋아서 |
| *놓다(放) | 놓지만 | 놓는데 | 놓으니까 | 놓아요 | 놓아서 |

\* : 규칙 활용

## 6. 으 탈락

| 단어 | -고 | -는데, -(으)ㄴ데 | -(으)니까 | -아/어요 | -았/었어요 |
|------|-----|----------------|-----------|----------|-----------|
| 쓰다(写) | 쓰고 | 쓰는데 | 쓰니까 | 써요 | 썼어요 |
| 고프다(饿) | 고프고 | 고픈데 | 고프니까 | 고파요 | 고팠어요 |
| 바쁘다(忙) | 바쁘고 | 바쁜데 | 바쁘니까 | 바빠요 | 바빴어요 |
| 예쁘다(漂亮) | 예쁘고 | 예쁜데 | 예쁘니까 | 예뻐요 | 예뻤어요 |

## 7. ㅅ 불규칙

| 단어 | -고 | -는데, -(으)ㄴ데 | -(으)니까 | -아/어요 | -았/었어요 |
|------|-----|----------------|-----------|----------|-----------|
| 낫다(愈) | 낫고 | 낫는데 | 나으니까 | 나아요 | 나았어요 |
| 짓다(盖) | 짓고 | 짓는데 | 지으니까 | 지어요 | 지었어요 |
| 붓다(肿) | 붓고 | 붓는데 | 부으니까 | 부어요 | 부었어요 |
| 젓다(搅) | 젓고 | 젓는데 | 저으니까 | 저어요 | 저었어요 |
| *벗다(脱) | 벗고 | 벗는데 | 벗으니까 | 벗어요 | 벗었어요 |
| *웃다(笑) | 웃고 | 웃는데 | 웃으니까 | 웃어요 | 웃었어요 |

\* : 규칙 활용

## 한국어 선생님과 함께하는 TOPIK 한국어 문법 사전 I

| | |
|---|---|
| **개정4판1쇄 발행** | 2024년 07월 15일 (인쇄 2024년 05월 23일) |
| **초 판 발 행** | 2014년 06월 10일 (인쇄 2014년 04월 24일) |
| **발 행 인** | 박영일 |
| **책 임 편 집** | 이해욱 |
| **공 저** | 김훈 · 김미정 · 이수정 · 임승선 · 현원숙 |
| **편 집 진 행** | 구설희 · 이영주 |
| **표지디자인** | 조혜령 |
| **편집디자인** | 장하늬 · 곽은슬 |
| **발 행 처** | (주)시대고시기획 |
| **출 판 등 록** | 제10-1521호 |
| **주 소** | 서울시 마포구 큰우물로 75 [도화동 538 성지 B/D] 9F |
| **전 화** | 1600-3600 |
| **팩 스** | 02-701-8823 |
| **홈 페 이 지** | www.sdedu.co.kr |
| | |
| **I S B N** | 979-11-383-7297-8 (13710) |
| **정 가** | 15,000원 |